文春文庫

サクランボの丸かじり

東海林さだお

文藝春秋

サクランボの丸かじり*目次

サクランボの丸かじり

コンニャクの不思議

近来まれにみる珍騒動「森友学園問題」。

騒動を広辞苑でひくと、

【多人数が乱れさわぐこと】

使用例は、

「上を下への大騒動」

登場人物、数多《あまた》。

ただならぬ面魂《つらだましい》の主人公、総理大臣夫婦、白い鉄仮面をかぶった防衛大臣、怪しい作家。

登場物件多数。

国有地、怪しい木造校舎、修正テープ使用の郵便局の受領証、地下ゴミ、コンニャク。

放たれた名言「無礼者ッ」。娯楽性たっぷり、見応え充分。全体のつくりが松竹新喜劇風で、役者たちの演技力も上出来。

これまでの粗筋では「無礼者ッ」のところで客席は大いに沸いた。

まさか、こんなところで、と思うところでコンニャクが出てきた意外性がうけた。

コンニャクはもともと食べ物じみたところがない。

あのコンニャクが、ペターッとまな板の上にのっかっているところを想像してみてください。

どうみても無機物、色浅黒く肌ぶつぶつ、ところどころ黒い物が点々、そして意味のない四角。

どう見ても食べ物には見えない物だけどみんなちゃんと食べてる。

どちらかというと無気味を感じる物なのにみんなちゃんと食べてる。

見た目はむっつりしていて、無愛想で、態度は横柄で、感じがわるいのにみんなちゃんと食べてる。

しかし、こういう物が札束に見えた人の眼力ってすごいと思いませんか。

環境の力って恐ろしいって思いませんか。

それにしても「人間とコンニャクの関係」って不思議だなあ、とぼくはいつも思う。

「人間とコンニャクの関係」って「人間と食べ物の関係」と違うの？　と思う人もいると思うが、違うんです。

そんな単純な関係じゃないんです。

おでんで説明しましょう。

おでん屋でもコンビニでもいいけど、おでんを頼むとき、

「大根とチクワとさつま揚げとハンペンとコンニャクとタマゴ」

というふうに、いつのまにかコンニャクが注文の中にまぎれこんでいる。

特にコンニャクを食べたいと思ったわけではない。

それなのに、無意識に口が「コンニャク」と言っている。

つまりコンニャクを頼まないと収まりがつかない。おでんが成立しない。

「いつのまにか注文の中に入っている」というのがコンニャクのキーワード。

このあたりが「人間とコンニャクの関係」なんですね。

すき焼き鍋の場合もそう。

すき焼き鍋の中にも、いつのまにかシラタキという形で入っている。

誰も「シラタキを入れてくれ」とは言ってませんよね。

なのにいつのまにか入っている。

悪役としての
資質にめぐまれた
名優としての……

豆腐でつくる白和えの中にも、いつのまにか入っている。

牛すじ煮の中にも入っている。

ひじきとニンジンと油揚げの煮物の中にもいつのまにか入っている。

「コンニャクは困る。取り出してくれ」

と言う人は一人もいない。

つまりいつも容認されている。

さっきも書いたが、コンニャクは色浅黒く肌ぶつぶつ、感じがわるくて無愛想で横柄で無気味、

嫌われて当然なのにいつだって容認されている。

コンニャクはコンニャク芋から作る。大きめの里芋そっくりなコンニャク芋をとりあえず粉末にし、これに水を加えてこね、それに石灰を混ぜて煮てから固めてコンニャクとなる。

里芋ならそのまま食べられるのに、大変な作業と工程を必要とする。

ふつうなら作業工程の途中で石灰が出てきたあたりで面倒だからこのものを食べるのは諦めようということになるはずなのに諦めない。

コンニャクにしつこく言い寄っているのだ。

「どうしてもキミが欲しい」

と言っているのだ。

そうまでして手に入れたコンニャクなのに、いざとなると、たとえばさっきのおでん屋やコンビニの場合のように「いつのまにか注文の中にまぎれこんでる存在」となってしまう不思議。

海外旅行から帰ってきて「まっさきに食べたい食べ物の一群」というものがあって、ラーメン、刺し身、天ぷら、すしなどを挙げる人は多いが「まっさきにコンニャクが食べたい」という人はいない。

不思議じゃないですか。

「どうしてもキミが欲しい」

と言ってようやく手に入れたキミじゃないですか。

「人間とコンニャクの関係」の不思議はまだある。

立ち食いそば屋のメニューに、油揚げをのっけたきつねそば、揚げちくわをのっけたそば、さつま揚げをのっけたそば、コロッケをのっけたそばなど身近な食材をのっけたそばが多数ある。

だったらコンニャクをのっけたコンニャクそばがあって当然じゃないですか。

当然中の当然じゃないですか。

だけどコンニャクそばはない。

これも不思議中の不思議。

コンニャクの不思議はまだ続く。

いま渦中の「森友学園問題」をテーマにして書き始めたこの文章が、いつのまにか「コンニャク問題」になっている不思議。

「水と政治」について

人は水なしでは生きていけない。

人のいるところ水あり。

治山治水は政治の根本である。

水と政治は様々なところでつながる。

過日、「森友学園問題」が参院予算委員会で取り上げられ、これをNHKが連日のように中継放送をしていて、ぼくは毎回その場面を見ていたのだが、ここでも水が登場する。

飲料水として登場する。

籠池証人も証人喚問を受けた日にときどき水を飲んでいた。

質問する各議員も、質問しながらときどき水を飲んでいた。

　このように、ここでも水と政治はつながっているのだ。

　おひやとしてつながっているのだ。

　画面に映っている人の前には、ことごとく水の入ったグラスが置かれている。

　会社などの会議では、最近は小さめのペットボトルがテーブルの上にズラリと並んでいることが多いが、わが国の国会議事堂では、ペットボトルではなく「グラスに入った水」が用いられていることがこれでわかる。

　ここで誰しもが、あのグラスと水は誰がどのようにして用意したのか、という疑問を持つはずだ（ぼくだけ？）。

あのグラスの中の水は、どこから、どのようにしてやってきてあそこにあるのか。

ぼくはただちにその解明に取りかかった。

そうして事の次第が次のように次々と判明していったのだった。

この委員会には回答側の席に、安倍首相、麻生副総理、稲田防衛大臣などが座っていて、それぞれの席のすぐ横に、グラスを置くための小さなテーブルがある。

各人はそこからグラスを取り上げて飲み、飲んだらそこへ戻す。

飲食店などでおひやを注文すると「氷を入れますか」と訊かれることが多い。

ここで誰しもが、そのグラスの中の水は氷入りか、氷なしか、と思うはずだ（ぼくだけ？）。

正解は、氷入りだった。

グラス自体には氷は入っていないのだが、グラス用テーブルのすぐそばにもう一つテーブルがあって、その上に大きなピッチャーが置いてあり、そのピッチャーの中に氷のかたまりが浮いて見える。

ここで誰しもが、その氷は冷蔵庫の製氷皿で作った氷か、それとも市販のものか、という疑問を持つはずだ（ぼくだけ？）。

ぼくはピッチャーの中の氷を凝視した。

そして、その形状から判断して製氷皿で作った氷ではないことを確認した。

ここで、どうしても一言つけ加えておきたいことがある。

この中継放送は政治がテーマであるから水のところばかり映しているわけではない。めったに映ることのない水のところをずうっと待ち続け、映ったら大急ぎで確認するのは並大抵のことではないのだ。

もう仕事どころではないのだ。

ここ国会議事堂で使用されているグラスはどの程度のものなのか。

高いやつか、安いやつか。

確認する。

高さ12センチ（推定）ほどのグラスで、うっすらとナナメにカットが入っていて、それもどうやら機械彫りらしく、それほど高価なものではないようで、つい最近デパートで見たのとよく似ていてその値段は700円くらいだった。

このあたりの発見、スクープといえるのではないだろうか。

確認につぐ確認で、もうずっとテレビの画面を

ピッチャー
グラス
■首相持ち込みボトル
茶色
白

見たっきり。

だがその労はやがて報われ、ぼくは大発見（大スクープ）をすることになる。

みんなが国家支給のおひやを飲んでいる中で、ただ一人、安倍首相だけがそれには手をつけず、自前の飲み物を飲んでいたのである。

安倍首相専用のテーブルの上には、グラスではなく、小さめの水筒のボトルが置いてあったのだ。

はたして安倍首相はそれを飲むのか。

飲んだのである。

首相は自分でそのボトルの口をキュイキュイとひねって開け、あるまいことかボトルごとゴクリと一口飲み、またキュイキュイと自分でしめて何事もなかったかのようにテーブルの上に置いたのだ。

ぼくはその事実をこの目でしっかりと目撃した。

それほんとか？　と疑う人もいると思うが、このときNHKを観ていた人は何百万人といるはずでぼくの自信は揺らぎようがない。

なぜ安倍首相はこのような行為をテレビカメラの前にもかかわらず行ったのか。

一つ考えられるのは、前回総理を辞めたときの理由である。あのときは確か「お腹を壊した」というのがその理由だった。すぐ壊れるお腹に、氷で冷やしたおひやはよくない。

もう一つ考えられるのは、水ではなく、お腹によく効く漢方薬系の何か。今回のこの「首相、自前のボトルを議場に持ち込んだ事件」は、今後様々な論議を呼ぶかもしれない。大きな波乱になるかもしれない。飛行機に飲み物を持ち込むにはいろんな規制がある。

議場にも当然何らかの規制があるはずだ。

そうじゃないと、コーラを持ち込む人がいたり、カルピスを演壇でチューチューストローで吸ったりする人が出てくる可能性がある。

そのへんを野党につつかれ「ボトル持ち込み問題」が内閣の命取りに、ということだってありうる。

どや、タルタルソース

刺身といえば醬油、トンカツといえばソース、餃子といえばラー油・酢・醬油、モロキューといえば味噌、タコとキュウリの酢の物といえば三杯酢、ということで日本人はこれまでやってきた。

キッパリと決めてやってきた。

誰一人としてこのことで迷う人はいなかった。

そのキッパリが時代とともに少しずつ怪しくなっていった。

マヨネーズの出現あたりからこの傾向が始まった。

この傾向にイラついている一群の人々がいる。

お爺さんたちである。

たとえばカキフライだとこうなる。

お爺さんはタルタルを
嫌うが
お婆さん
は
ウェルカム！

お爺さんはカキフライでゴハンを食べようと思った。

カキフライとゴハンが湯気を上げながらやってきた。

見ればカキフライにはタルタルソースがかかっている。

お爺さんは激怒した。

「カキフライにはソースと決まっとるだろーが！」

お爺さんの薬缶《やかん》頭から湯気が上がっている。

「ワシはタルタルソースが嫌いなんじゃ！」

ここで読者諸賢に気がついてもらいたいことがある。

それはこのお爺さんの言葉づかいである。

お爺さんは自分のことを「ワシ」と言っている。

「嫌いなんだ」と言うべきところを「なんじゃ」と言っている。

これらの発言の前には「決まってるだろうが」を「決まっとるだろうが」と言うとる。

これら「ワシ」「じゃ」「とる」は老人特有の言い方としてよく知られている。

が、これらの老人用語が実際に使われているのを聞くことはまれである。

特に「ワシ」。実際に自分のことを「ワシ」と言ってるお爺さんは居そうでいてなかなか居ない。

「じゃ」も「とる」もなかなか居ない。

だが実際にこうして文章に取り込んで使ってみるとピッタリと収まる。

使い心地もいい。

聞き心地もいい。

そこでここから先、「ワシ老人」を主人公にしてこの稿をすすめていくことにする。

お爺さんがまた何か言うとる。

「タルタルソースはゴハンのおかずに向いとらんのじゃ！」

「確かにそうじゃ。ワシかてそう思とるんじゃ！」

と叫んだのはこのわたし（筆者）である。

筆者もまた老人なので「じゃ」を使ってよいのじゃ。

お爺さんたちは日常生活の中でタルタルソースに出くわすことはめったにない。

だが名前だけはよく知っている。

「カキフライとエビフライにかかっとるグジャッとしたソースじゃろ、ワシかてよう知っとるんじゃ、そのぐらい」

というぐらい知っている。

そして「ゴハンのおかずに合わない」という理由で一様にタルタルソースに反感を持っている。

タルタルソースは魚介のフライ物全般に添えられているような気がするのだが、実際には、カキフライと海老フライには姿を現すが、鯵フライとなると欠席する。

そのあたりのタルタルソースの身の処し方、なーんか気に入らんのよね、ワシ。

高級めかしているというか、気位が高いというか、するてぇと、身分の低い奴は相手にしないってことかい？　おう、上等じゃないの、ワシかて鯵フライをタルタルソースで食べようなんて思て

へんで、と、なぜかワシ弁に関西弁が入り混じってしまうのだが、そのへんのところは、何せお爺さんのことなので許してやってください。

ワシ弁といえば、ワシはここでかつてのプロ野球の名投手、金やんこと金田正一さんを思い出さずにはいられない。

金やんは若いころから自分のことをワシと言うとった。

あのころのプロ野球界は「ワシ」が流行《はや》っていた。

張本勲さんもときどき「ワシ」を使《つこ》うとったような気がする。

またよく似合ってたんですね、金やんや張本さんにはワシが。

そうそうタルタルソースの話じゃった。

タルタルソースの材料は、刻んだ茹で卵、玉ねぎ、ピクルス、パセリ、マヨネーズ、みんな庶民的な連中ばかりで気取った奴は一人もいない。

つまりタルタルソースはもともといい奴だったのだ。

欠点はただ一つ、ゴハンに合わないということだけ。

ところがここで注目しなければならないことが一つある。

コンビニの売れ筋のおにぎりにツナマヨがある。

マヨネーズはゴハンに合う。

刻んだ茹で卵を和えたマヨネーズ、これもゴハンに合いそうだ。

そこにピクルス、これもゴハンに合う。

そうなってくると、タルタルソースそのものはゴハンに合うのではないか。

いや、ワシが思うに確かに合いそうな気がしてきた。

うん、うん、どんどんそんなような気がしてきた。

タルタルソース丼、うん、いい。いかにも旨そう。

とどのつまり、カキフライと海老フライそのものがタルタルソースに合わないというだけのこと？

そうなってくると主役を張っていたつもりのカキフライと海老フライの立場はどうなる？

そんなこと、ワシャ知らん。

ラーメンライスの祟《たた》り

世に名高い「ラーメンライス」。

話として聞いたことはある、という人は多いと思うが、実行したことがある、という人は少ないだろう。

ラーメンライスを実行するには何が必要か。

勇気である。

世間の誹謗、中傷、謗《そし》り、蔑《さげす》みを物ともしない猛勇である。

熟慮、猛省の果てに蛮勇をふるってラーメン店に乗り込んだとしても、いざカウンターに座って、

「ラーメンライス」

と声に出すのはかなりの勇気が要る。

何度かの躊躇《ためら》いののち、

「ラーメン……」

と言ったとしても、そのあとの、

「ライス」

がなかなか出てこない。

黙り込んでしまって、それっきりになってしまって、結局、ラーメンを食べて帰ってくるという結果になる。

「ラーメンとライス」

と、「と」をつけるといくらか言いやすくなるのではないか。

そう思って、

「ラーメンと」

まで言って言いよどみ、

「餃子」

と言ってしまって、結局、ラーメンと餃子を食べて帰ってくる、ということになる。

つまり「ライス」が言いにくいわけだから最初に、

「ライス」

と言ってしまう、というのはどうか。

最初に「ライス」と言ってしまったからには、もうあとには引けない。

あとはもうゆっくりと落ちついて「とラーメン」と言うばかりだ。

そこで最初に、

「ライス」

と言ったとする。

するとラーメン店のオヤジは当然そのあとの言葉を聞こうとして耳をそばだて「ン？」という表情になってこっちを見る。

目と目が合う。

目と目が合ったとたんドギマギして、つい、「レバニラ炒め」と言ってしまう。

勢い余って「とお新香」まで言ってしまう。

店が立て込んでいて、ラーメンだのチャーハンだのライスだのの声が飛びかっているドサクサにまぎれて「ラーメンライス」と言う方法もある。

何しろドサクサであるからいろんな注文が飛びかっていて、まぎれることはまぎれる

がオヤジは聞きとれず、

「エ？　ラーメンと？」

と聞き返され、満座の注目の中で「ライス」と言うことがためらわれ、つい「チャーシューメン」などと口走り、みんなに注目されながらヘンな組み合わせを食べて帰ってくる羽目になる。

よしんば、

「ラーメンライス」

と言うことができたとしよう。

これで全てがうまくいったということにはならない。

ラーメンライスにはここから先にも様々な問題が立ちはだかっている。

ラーメンの丼とライスの入った丼の二つがくる。この二つの丼を横に並べて食べることになるわけだがどう並べるか。

ゴハンと味噌汁の場合はゴハンが左で味噌汁が右と決まっているがラーメンライスの場合はどう

並べるのか。

ふつう考えられるのは、ラーメンを左側に置き、ラーメンを主体にして食べながらときどき右側のゴハンも口にする、という食べ方。

確かにこの方法は食べやすいかもしれないが、日本の食の伝統という立場から考えるとこれは邪道である。

日本に於いてはお米はどこでどう出されても常に主役でなければならない。

お米の顔を立てなければならない。

たとえラーメン店であってもそれは守られなければならない。

日本の故実・礼法を守り、伝え、教示する立場の小笠原家はこのラーメンライスのライスの問題にどう答えるか。

一度、電話でいいから聞いてみる必要があるのではないか（無視されると思うが）。

いっそこうしたらどうだろう。

ライスはカウンターに置かずに左手で持ったきりにする。

そうして右手はラーメン専用とする。

右手で麺をすすりスープを飲む。

ときどき左手に持ったゴハンを食べる。

まてよ、するとスープが問題だな。

左手はライスの丼でふさがっているから右手だけでスープを飲むことになる。

レンゲが出ている店なら問題はないが、レンゲを出さない店だとどうなるか。

右手でラーメンの丼を持ち上げて丼のフチに口をつけてジカにスープを飲むことになる。

ご存知のようにラーメンの丼は重い。そして熱い。

はたしてうまくいくだろうか。

〽右手《めて》に血刀、左手《ゆんで》に手綱
　馬上豊かな美少年
という歌がある。

西南戦争の古戦場である田原坂《たばるざか》を歌った歌である。

ラーメン店に於けるラーメンライスを歌うとこうなる。

〽右手にラーメン丼、左手にめし丼
　カウンターに侘しき貧《ひん》おやじ
このようにラーメンライスにまつわる話題は尽きることがない。

ラーメンライスの最大の問題は次の一言に尽きる。

そうまでして食べる意味があるのかラーメンライス。

「ぶっこみ飯《めし》」出現

いかにも秀才肌の上役が、宴席で座がくだけたときなどに、

「これでワタシも若いころはけっこう悪さをしとってね」

などと自慢気に話し始めることがある。

暴走族でもやっていたのか、と思って聞いていると、

「子供のころ、ゴハンに味噌汁をぶっかけて食べて親によく叱られたりしたもんだった」

という話だったりする。

ゴハンに味噌汁をかけて食べるいわゆる「汁かけ飯」は、日本では悪事である。

暴走族と同一視するほどではないが、やってはいけないことである。

人に自慢するほどの悪事ではあるが、日本人でこれを一度もやったことがない、という人はいない。

汁かけ飯はなぜやってはいけないかというと、その理由は拍子抜けするほど単純で「消化によくないから」。

もうちょっと悪の匂いが欲しいところだがこれ以外には見当たらない。

悪は常に人を誘惑する。

汁かけ飯はどういうふうに人を誘惑するのか。食事が終わりかかっていてゴハン茶わんの中にゴハンが一口分。

これに、味噌汁わんの中に少し残っていた味噌汁をぶっかけてズルズルとすすりこむ快感、美味。

いまもときどきやるけど、何

なんでしょうね、あの痛快さ。

これにて食事終了というキッパリの美学。

汁かけ飯をズルズルとすすりこんでいるときの、口中を流れ去っていく雑駁《ざっぱく》なものたちのあわてふためく様子。

無秩序の流動感。

無秩序をところどころ噛んで、決して放任しているわけではなく、このようにこうして噛んで統御を忘れないこのわたしのこの度量。

などなど、一瞬の流動のなかに様々な思いがこもる。

それと無法感。

あらゆる作法、流儀、法式を無視、放擲《ほうてき》する無頼の心意気。

ゴハンに味噌汁をかけて食べただけなのに、これほど様々な感性が揺さぶられることに改めて驚かざるをえない。

侮るなかれ汁かけ飯。

これほど魅力あふれる食べ物を商品化できないものか。

商品化して売り出せば売れないはずがない。

素人のぼくでさえそう思うのだから、食品メーカーがそう思わないはずがない。

それにしても、この、あまりにも単純きわまりない食べ物をどうやって売り出すか。

何しろ、ゴハンに味噌汁をかけるだけ。

そんなものを、わざわざお金を払って買う人はいるのか。

いると踏んだメーカーがある。

カップヌードルでおなじみの日清食品である。

名づけて「ぶっこみ飯」。

カップヌードルと同じようなカップに入っていて味も「カップヌードル味」になっていて、つまり、カップヌードルの麺がゴハンに代わっているだけ。

「熱湯5分・ラーメンスープにごはん」という説明文も見える。

映画「お茶漬の味」は、お茶漬けを平穏の味、ひっそりの味、物静かな味、として小津安二郎は描いた。

映画「汁かけ飯の味」も小津安二郎だったら同様の映画に仕立て上げたと思う。

日清は「汁かけ飯の味」をどのように演出したか。

改めてカップに書きこんである文字を読んでみ

これが残り汁にゴハンをぶっこんだ味！
ぶっこみ飯
CUP NOODLE
ぶっこみ飯

よう。

「罪深き、うまさ」

という文字がまず目につく。

そうか、そっちへ持っていったか、罪の方向という路線があったのだ。

「ラーメンを食べた後のスープにごはんをぶっこんだうまいやつ。２度目のあの背徳感。分かっちゃいるけど、やめられないやつ」

そうか、背徳に持っていったか。

暴走族には及びもないが「消化によくない」ことをするわけだから明らかに道徳に背く行為である。

それと日清には汁かけ飯を物々しくしたいという意向があったようだ。それは「ぶっこみ」に表れている。ふつうだったら「汁かけ飯」であるけど、これはあくまで残り汁の方にご飯を入れた物なので物々しく「ぶっこみ」。

「ぶっ」は辞書にもちゃんと出ていて、ちゃんとした接頭語で、「ぶち」の口頭語形で「勢いよく……する」のように、物事の進行、発動を強化する意味を持つ。

ぶっ倒す、ぶっ潰す、ぶっ殺す、など、どちらかというと兇悪系の言葉である。

その兇悪系をわざわざ食べ物に持ちこんだあたりに日清の並々ならぬ戦意がみてとれる。

だからといって、カップに熱湯をそそぐとき、戦意を高揚させて乱暴にふるまったりするのはアブナイ。

そういうわけで、日清の「ぶっこみ飯」は味噌汁味ではなくカップヌードルの残り汁の味の汁かけ飯の一種。

これがなかなか意外性の味で、ネットでも好評のようだが、一つだけ困ったことがある。

カップの中がゴハンだけ、というのが困る。

食べても食べてもゴハンだけ。

カップラーメンを食べ続けて四半世紀、いつしか「この形の容器の中は麺」という強力な図式が頭の中に出来あがっている。

そのうち麺が出てくるだろう、と思って食べ続けるのだが、食べても食べてもゴハン。

ポテトチップ解放運動

ソファに寝そべってポテトチップをダラダラだらしなく食べている人に対する世間の評価は低い。

ここまで書いてきたたった二行の文章の中でも、すでに「だらしなく」という評価を受けている。

ここで「だらしなく」の「だらし」とは何か？　という疑問が急に湧いてきたので「だらし」を広辞苑で引いてみることにする。

「だらし、だらし……」

と呟きながら頁をめくっていって「だらし」を発見。

そうしたら、「だらし」は何と「しだら」の倒語で、梵語のｓūｔｒａの転で「多く悪い意味に用いる」とある。

「ポテトチップをダラダラだらしなく食べる」の「ダラダラ」もどちらかというと悪い意味に用いられるし、ポテトチップに関連する言葉は良くない意味の言葉が多いということになる。

「カウチポテト族」という言葉がかつて流行ったが、これだって良くない一族だった。

カウチ（長めのソファ）に座り込んでテレビを見ながらポテトチップを食べてダラダラ時を過ごす連中のことで、怠惰で運動不足になるし、ジャンクフードなので体にも良くないと言われ「ダメな連中」であった。

どうもポテトチップの周辺の

評判は良くないものばかりのようだ。

ある地名を示して、

「あの辺は評判が良くないよ」

という言い方をすることがあるが、その意味は「土地柄が良くないよ」とか「治安が良くないよ」ということであり、ポテトチップの周辺も、土地柄が良くないということであり治安が良くないということになる。

ここで改めてポテトチップを一枚手に取ってよく見てみよう。

袋入りの中から手探りで一枚。

何と傷を負っている。

一部が破損しているのだ。

普通、破損している商品は売り物にならない。

高級ビスケットと比べてみよう。

高級ビスケットは、それぞれの形に合った枠が組まれていて、その中に重ねられているので揺れ動かないから毀《こわ》れない。

ポテトチップは雑居房であるから揺れ放題、毀れ放題。

毀れても商品としての位置は揺るがず、消費者は、

「たくさんの毀れているものの中から、無傷のものを探して食べるのが楽しい」

などと言ってくれる。

そしてそのデザイン。

デザインと言っていいのか、どうなのか、その形。

ビスケットには明らかにデザインが施されているが、ポテトチップのそれは、あれの一片一片は、有りの儘《まま》というのか、自然体というのか。

じゃがいもという、どちらかというと野菜界の荒くれ派を、土の中から掘り出して、洗って刃物で切断して油で揚げただけ。

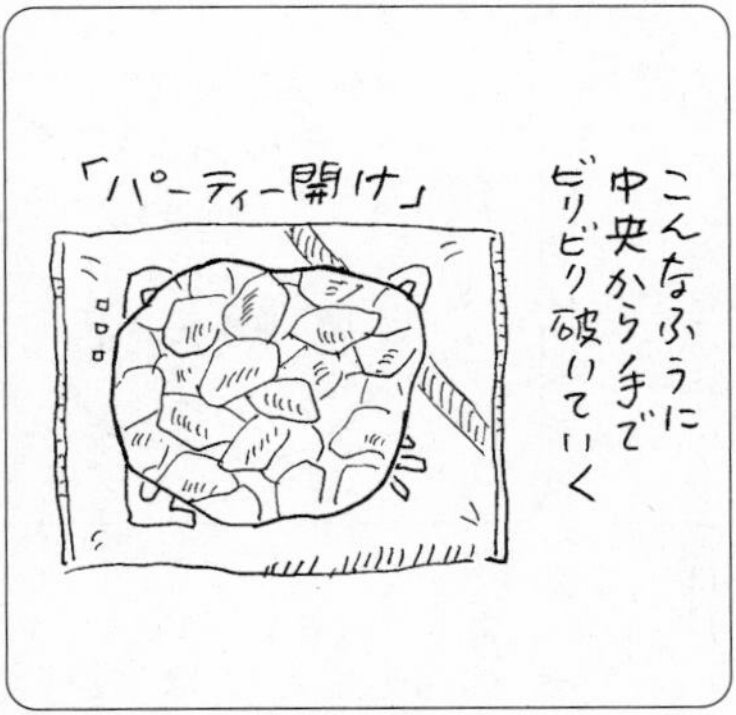
「パーティー開け」
こんなふうに
中央から手で
ビリビリ破いていく

全体が粗野。

ここのところで多くの読者は急に関西弁になって「そやそや」とハゲシク頷いてくれたはずだ。

わずかにデザインらしきものが仄《ほの》見える部分がないでもない。

全体がまっ平らではなく、一枚一枚が、それぞれの事情に応じて反り返ったり、ねじれたり、よじれたり、折れ曲がったりして、結果的に一つとして同じデザインのものはない。

このことは、成形もののポテトチップと比較し

てみるとよくわかる。

成形もののポテトチップは何百枚、何十万枚作ろうとも形は一つである。

だからこそ、袋ではなく、円筒形の容器に隙間なく積み重ねて収納することができる。

輸送面においても、まるで空気を運んでいるような袋入りのものとは比較にならないぐらい有利である。

そんなことは百も承知で、袋入りポテトチップは我が道を行く。

デザインなきデザインを目差して。

資本主義は必然的に大量生産システムをもたらし、大量生産システムは必然的にデザインの複製をもたらした。

現代は複製の時代である。

われわれはあらゆる複製の製品に取り囲まれて暮らしている。

そうした時代の中にあって、ポテトチップは時代に抗《あらが》う。

そういうふうに考えてくると、われわれのポテトチップに対する考え方も改めなければならないことになる。

少しずつでいいから、考え方を変えていかなければならない。

ポテトチップを食べてる人はだらしがない、とか、ポテトチップの周辺は治安が良くない、とか、そういう論調も改めなければならない。

カウチポテト族は時代の先端を行く立派な人々だったのだ。

決してだらしがない人々ではなかったのだ。

ポテトチップの支援者だったのだ。

ぼくらは彼らの怠惰に孤独の影を見たのがよくなかった。

最近ポテトチップの袋の開け方に「パーティー開《あ》け」というのが流行っているという。

これまでのポテトチップの袋の開け方は、とりあえず手が突っこめる程度に口を開け、そこに手を突っこんで取り出す方式が多かった。

「パーティー開け」は、袋のまん中から大きく破いていって全面的に広げ、そこからみんなで取って食べる方式である。

ポテトチップの解放、ポテトチップの自由の扉がこれから開かれようとしている。

ワンタン麺の魂胆

カウンターに座って、

「ワンタン麺」

と注文したあと、

「ちょっと、さもしかったかな」

と思った。

最初はラーメンを注文するはずだった。

その店は最近流行りのラーメン一筋の店ではなく、タンメンも餃子もチャーハンもあるという、いわゆる町の中華食堂だった。

ごくふつうのラーメンを食べようと思ってその店に入ったのだった。

メニューにワンタン麺があった。

この唇のまわりのベロベロがたまらんのですわ
具なんかどうでもええんですわ
ベロベロ
ベロベロ

ワンタン麺は店によっていろいろだが、基本的にはラーメンにワンタンを数個追加したスタイル、というのが多い。

ワンタン麺ならばラーメンも食べられるしワンタンも食べられる。

値段を見るとラーメンが七〇〇円、ワンタン麺が七五〇円。五十円追加するだけで両方いっぺんに食べることができる。

しめしめと思った。

しめしめと思ったあと、こんなことでしめしめと思うなんて、

「オレってさもしいなあ」

と思ったのである。

しめしめは物事がうまく行っ

たときに使う用語であるが、その物事の規模はわりに小さくて貧弱な場合が多い。

例えばダム建設工事が完成したとき、しめしめと喜ぶ人はいない。

今回の場合は五十円の規模の事案であるからしめしめでいいわけだが、それにしてもオレって考えることが小さいな、などとクヨクヨ考えながら待っているとワンタン麺が湯気を上げながらやってきた。

こういうとき、考えることが常に小さい人の目がまっ先に行くのはワンタンの数である。

ワンタンは何個入っているのか。

四個であった。

「少なくとも五個だろッ」

考えることが小さい人は怒った。

そのワンタンはかなり大きめではあったが何回数えなおしても四個だった。

ワンタン麺の中のワンタンの数は、ふつうの考えでいけば少なくとも五個ということになると思うのだが、この店は厳然と四個。

こういう中途半端な数を思いつく人物とはどんな人物か、と思ってカウンターの中の人影を見ると、はたして、

「ウチのワンタン麺のワンタンは四個ッ」

という毅然とした態度の人物だった。

五十がらみ、胡麻塩頭、角刈り、眉間にしわ、過度の節倹と吝嗇《りんしょく》を旨とする人生を送ってきた男の顔がそこにあった。

かくなるうえは、ぼくとしてはこの四個のワンタンと数十本の麺を適宜に按配しつつ、この食事を無事終了させることに心をくだくよりほかにすべはない。

まず麺を一口すすった。

次にワンタンに取りかかった。

ワンタン麺
750円
ワンタンとラーメンがいっぺんに食べられる
しめしめ
小規模なヨロコビ用語

麺は箸だがワンタンはレンゲ。

レンゲを水平にしたままワンタンの近辺に沈めていく。

水は低きに流れる。

ワンタンもべろべろした状態でスープに浮かんでいるので低くなった水面のレンゲの中に滑りこんでくる。

これをスープといっしょにべろべろとすすりこむ。

ここでワンタンというものの形態を考察してみ

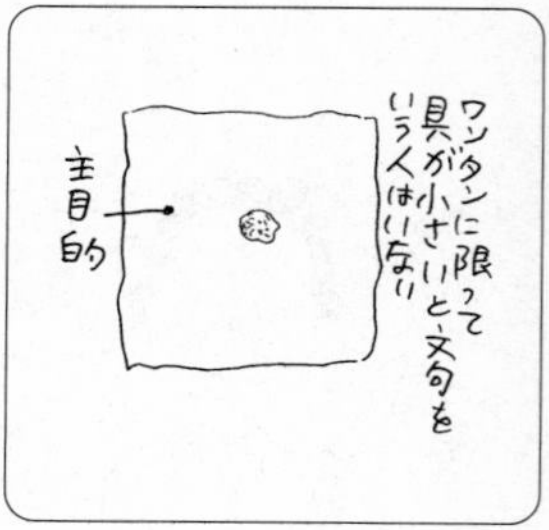

ることにする。

ワンタンの中央本部は極めて小規模である。

大豆粒ほどに中央がふくらんでいて、その部分以外はすべてべろべろ部として展開している。

この部分は一見〝包装したのちの余りの部分〟と思われがちだがそうではないのだ。

深い企《たくら》みあっての〝余り〟なのだ。

それはどういう企みか。

この部分でもって、唇の周域をべろべろと撫《な》で摩《さす》ろうという魂胆なのである。

確かにワンタンをすすりこむと、このべろべろ部が唇の全域をべろべろにょろにょろと撫で摩《さす》りながら吸引されていく。

このときの擦過感はなかなかのもので、ある種の快感をもたらす。

吸引されて口の中に入ってからも、舌とからみ合い、もつれ合って、なかなかわるくない触感になる。

この感じは、多くの男女が切望してやまないある種の行為に似てはいまいか。

その、多くの男女が切望してやまない行為をワンタンが叶えてくれるのである。

たった五十円で。しかも四回も。

「ワンタン麵にしてよかった」

と、ぼくはつくづく思った。最初はラーメンを食べようと思ってこの店に入ったのだから。

ラーメンだったら、このべろべろの幸せはなかったのだ。

と思ったそのとき「まてよ」と思うことがあった。

ラーメンの麵でも、このべろべろの幸せに似た幸せを味わえるのではないか。

それはズルズルの幸せである。

ラーメンの麵はズルズルする。

ズルズル、ズルズルと継続的にする。

このズルズルのたびに、麵が唇を撫でる、摩る、口中に吸引されたのちも、ワンタンほどではないが、舌とからみ合い、もつれ合う。

うーむ、そうだったのか。

ワンタン麵はダブルでそっちを狙うメニューだったのだ。

ワンタン麵はべろべろで、ラーメンの麵はズルズルで人の心を誘いこもうという、あやかしの食べ物がワンタン麵だったのだ。

「してやられた」と思った。

「してやられてよかった。しめしめ」

キクラゲ変身す？

人は日頃食べている食べ物に愛情を持っているものである。

親近感という言い方でもいいかな。

思いもかけぬ場所で出会ったりすると、おっ、いたか、と愛情が増す。

食事を終えて立ち上がろうとして、ヒザのところにゴハン粒を一粒見つけ、

「オッ、こんなところにくっついていやがって」

と指でつまんで口に持っていったりして、むしろ愛情、親近感を感じる。

チャーハンの中に小さく切ったザーサイを混ぜている店がある。

チャーハンの中の見慣れぬ一片。

これは何？　と思い、口に入れ、カリッと噛み、オッ、ザーサイ、こんなところにこんな姿で、と何だか嬉しい。そして何だか懐かしい。

〝いてくれたか感〟もある。

混ぜごはんの中の黒い切れっぱし。

これは何だ？

見覚えはあるが何だろう。

取り上げて噛んでみる。

ひと噛みふた噛み、オー、ひじきだ、まちがいないひじきだ。

ひじきだ、とわかったときはちょっとした感動さえ覚える。

こんなところで、こんな姿で頑張っていたんだ、いてくれたんだ、と嬉しく懐かしくいとおしい。

ところがキクラゲ。

キクラゲとなると事情は一変する。

タンメンの中のキクラゲ。
最近はタンメンにキクラゲを入れない店も多いのでキクラゲは珍しい。
麵の中にまぎれこんでいるこの黒い小片は何か。
拾い上げてみる。嚙んでみる。コリコリ。あ、キクラゲだ。
この瞬間、嬉しくも何ともないのは何故だろう。
懐かしくもないし、いてくれたか感もない。
ナーンダ感が強い。
ナーンダ、キクラゲか。
どうしてこうなるのでしょうか。
本人に魅力がない、という点が第一。
何しろ味がないんですからね。
食べ物として致命的。
あるのはコリコリ感だけ。
そのコリコリ感も、本物のクラゲには負ける。
名前も正直ではない。
陸上に生えているのに海に住んでいる者の名前を借りている。
あ、わかった、ふだん、どうも目立たないように、目立たないように振る舞っているのは名前の秘密に触れられたくないからなんだ。

名を騙《かた》っているという引け目があるからなんだ。

本当はけっこうあちこちに出没しているのに、いつでもどこでも決して目立とうとしない。

ガンモドキにも入っている。

カニ玉なんぞにもひっそり潜りこんでいる。

おからの煮物の中にも入りこんでいる。それでも一つだけ主役を張る料理があることはある。

めったに見かけないが「キクラゲ卵炒め」という料理である。

ちゃんとした中華料理店のメニューにはあるらしい。

これは豚肉の薄切りと卵とキクラゲを油で炒めた料理なのだが、各店の料理写真を見ると、どの店も、キクラゲの上に豚肉と卵が覆いかぶさっていて、なるべくキクラゲが目立たないようになっている。

これはたぶん、豚肉と卵がキクラゲの気持ちを忖度《そんたく》しているのだろうと思われる。

芝居には黒衣《くろこ》というものが登場する。全身黒ずくめ、顔の前にも黒い布を垂らしている。

この人たちは、ちゃんと舞台の上に登場し、動きまわり、いろんなことをし、誰が見てもその姿ははっきり見えるのだが、実は「いない」ことになっている。

「見えない」ことになっている。

キクラゲの本心はそれなのかもしれない。

だが黒衣の人がいなかったら芝居は成立しない。

確かに芝居の場合はそういうことになるのだが、食べ物の場合もそうなのだろうか。

キクラゲがなかったら料理は成立しない、ことになるだろうか。

そのあたりがキクラゲのジレンマなのである。

やりづらい商売をやっているという意識がいつもつきまとっている。

人に反感を持たれてはいけない。

それには目立ってはいけない。

芝居だったら黒衣の立場。

合コンだったとしても黒衣。

合コンというものは、全員が目立とう、目立とうということで成り立っている。

そういう中での黒衣の役。

みんながキャワキャワ騒いでいるその後ろで、ひっそりとハイボールをつくり、料理の追加の注文をし、座が盛り上がるよう気をつかう。

人呼んでキクラゲ男子。

草食男子の中でもひときわシブクて深みのあるキクラゲ男子。

これ、これから意外に脚光を浴びるかもしれないぞ。

脚光を浴びてモテるようになるかもしれないぞ。

「カレ、キクラゲ男子なのよ」

なんて。

これがきっかけでキクラゲに陽が当たるようになる。

そのうちキクラゲブームというのがくる。

お中元に定番の「どんこ椎茸詰め合せ」の代わりに「干しキクラゲ詰め合せ」が、本家のクラゲからキクラゲに贈られてくるようになる。

夢の納豆かき混ぜ機

日本人は、

「今日は納豆でゴハン」

と決めても、

「あーあ、このあと大変なことになるな」

なんて思う人は一人もいない。

本当は大変な作業になるのに、そのことに思いを致す人はいない。

どう大変なことになるのか。

まずかき混ぜる作業がある①。

そこにカラシを投入する②。

刻んだネギを加える③。

「納豆かき混ぜ機」
堂々
わるびれず
発売!
カウント表示

醤油を適宜加える④。

正確に記すならば、②のカラシを投入する、のところで、カラシの小袋を切れ目に従って破く⑤、という作業があり、ネギを刻む⑥、という作業も加わる。

何かを食べようとすると、その前段階として、六つもの作業を必要とする食べ物はそうめったにあるものではない。

それなのに日本人はそれら六つの難事業を少しも厭《いと》わない。

中でも、⑤の、小袋の切れ目に従って破く、は相当な難事業であり、たかだか1・5センチぐらいの小袋の端のところにある、たかだか5ミリぐらいの切れ目を老眼で確認し、ひしぎ出すときとかく手に付着しがちなカラシに注意しながらの作業は難航をきわめる難事業である。

「今日は焼き海苔でゴハン」

と決めたときと比べてみよう。

①から⑥までがスッポリ抜けて⓪《ゼロ》になる。

納豆に限って発生する六大難事業を、日本人は少しも厭わない……いや、厭っているのだが、厭っていることにさえ気がつかないほど、日本人にとって「納豆とそれに伴う六大難事業」はしっかり結びついていて血肉化している、ということなのだろう。

ここで突然、話は「甘栗むいちゃいました」になります。

この製品が世に出るまで、日本人は爪で割ったり、歯でけずったりしながら、一苦労も二苦労もして甘栗を食べていた。

「枝豆むいちゃいました」という製品もその後に出てきて、この「ちゃいました系」はいまやスーパーではあたりまえの商品。

いまや「ちゃいました」と名乗りもせずに「ネギ刻んじゃいました」「タクアン切っちゃいました」「トウモロコシばらしちゃいました」「里芋煮ちゃいました」「おにぎり握っちゃいました」……。

元祖の「甘栗むいちゃいました」が出現したときの衝撃は大きかった。

「まさか」とか「そんなことしていいのか」とか「道徳的にどうなのか」とか「神はお許し給うたのか」とか、人々は様々に戸惑った。

でも、この「ちゃいました」という言い方がよかったみたいですね。

一歩引いて、

「勝手なことをしでかしてしまって。ドーモスイマセン」

という、かつての先代の林家三平師匠風のお辞儀の仕方がよかった。

と、このように、スーパーでは三平師匠風世渡り商品が闊歩しているのになぜ、

「納豆巻いちゃいました」
↑納豆巻き
食べちゃいました

「納豆混ぜちゃいました」

は、いまだ世に現れないのか。

「納豆混ぜちゃいました」だとこうなります。

多分、カップ入りということになっていて、カップのフタをピリッと開ける。

そのままゴハンの上にドロリとかけ、そのままズルズルとかっこむ。いや、それだと納豆のネバリが劣化していて、泡がどうの、糸がこうの、匂いがどうも、など、いろんなことを言う人が出てくると思うが、なあに、そんなもの、名だたる日

本のインスタント工業技術、たとえばインスタント味噌汁の乾燥野菜が見る見るうちに緑の野菜に復活する技術などをもってすれば、納豆の糸などお茶の子さいさい、引かないと見えた糸がアッというまに細く長くたな引き「納豆混ぜちゃいました」以前の納豆よりもっとたくましい納豆になっているということだって考えられる。

「納豆混ぜちゃいました」の話を早く打ち切りにして、さっきから読者の方々に一刻も早くお知らせしたいとウズウズしていることが実はあるのです。

「納豆かき混ぜ機」というものが発売されているのをご存知ですか。

「機」というからには当然、機械です。

ぼくは今回、この原稿を書くにあたって納豆のことをいろいろ調べているうちにこのことを知ったのですが、まさか納豆をかき混ぜるのに機械を持ち出す人がいるとは思わなかった。

一説では、納豆は400回以上混ぜることが大切で、この機械は手動で、ハンドルを一回まわすごとにカウンターに回数が表示されるようになっている。

でも楽しそうじゃないですか、手でハンドルを回しながら、イーチ、ニーイ、サーン、と数えていき、あと218回か、とカウンターを見、機械の中の納豆のねばり具合を確認する。

やってみたいな。

（株）タカラトミーアーツからの発売です（現在改良版を発売中）。

値段は3000円程度（メーカー希望小売価格）。

多分、気分が違うと思う。

箸でかき混ぜていたときは労働感が強かったが、ハンドルとなると急に牧歌的気分になるはず。

回しながら鼻歌の一つも出ると思う。

「納豆混ぜちゃいました」を選ぶか、「納豆かき混ぜ機」を選ぶか。

かき混ぜ機のほうが楽しそうだが、問題はかき混ぜた後《あと》。

「全自動洗い装置つき」というのが出てくるといいが。

濡れ甘納豆のナゾ

来客あり。手土産として濡れ甘納豆持参。

客が帰ったあと、早速濡れ甘納豆を試食。

この手土産というもの、客が帰ってドアをバタンと閉めたとたん、その紙袋にいそいそと駆け寄るときの気分はなかなかのものがあって、大人気《おとなげ》ないとは思うもののつい駆け寄ってしまう。

その甘納豆は、東京は新宿、花園万頭の「ぬれ甘なつと」というもので、世に知られた銘柄品である。

一箱に36グラムずつ分包された小袋が6つ入っていて、大人気ないとは思うもののその小袋を忙《せわ》しなく破り、忙しなく手の平にあけ、忙しなく口の中に放り込む。

いっぺんに8粒、忙しなく嚙む。

噛みつつ、箱に書かれた「ぬれ」に注目する。

この甘納豆はふつうの甘納豆ではなく濡れているほう。

甘納豆というものは、もともと乾いているものだが、これは、わざわざ「濡れ」を強調した商品。

本来乾いているものを、なぜわざわざ濡れた状態にするのか。

人間はもともと物が濡れるのを嫌うようにできている。

雨に濡れるのを嫌う。

靴が濡れるのを嫌う。

新聞が濡れるのを嫌う。

でも中には、わたしは新聞は濡れているのが好きで、朝、読むとき、霧吹きで湿らせてから読みます、という人は……いないか。

なぜ人間は濡れるのを嫌うのか。

人類は遠い昔、類人猿に近いころ、森の中で暮らしていた。

当時、雨具はなかった。

傘なしで、森の中で雨に濡れるがまま一日を過ごしていた。

梅雨どきなど、どんなに気の滅入る季節であったことか。

ぼくは今でもその当時の人類のことを思うと胸が痛む。

そういうわけで、人は濡れることを嫌うようになって今に至っている。

それなのに濡れ甘納豆はわざわざ濡れた状態のものを商品として売り出している。

常識的に考えれば、甘納豆は乾いているほうが先に売り出されたと思う。

その乾いてる甘納豆を食べていて、

「これの濡れた状態のものを食べてみたいな」

と思った人がいたことになる。

実際にそれをやってみたら意外に旨かった、ということになる。

そこで、それを売り出してみたら、と思った人がいたことになる。

そうしたら、それを買ってみようと思った人がいて、その人は、意外に旨いじゃないか、ということになって今日《こんにち》に至っているということになる。

実際に、乾いているほうと、濡れているほうを買う人と、どっちが多いのだろうか。

どう考えても、乾いているほうが多いと思う。

なのに、いまだに濡れ甘納豆がしぶとく生き残って愛好する人が絶えないのはなぜか。

「日本人の誰もが持っているアンコへの郷愁説」というものをぼくはここで提唱したい。

ふだんわれわれは、アンコだけをじかに食べる、という習慣を持たない。

アンコは常に何かに覆われて登場する。

大福、饅頭《まんじゅう》、アンパン、鯛焼き、アンマン、どら焼き、最中、いずれもアンコは何物かに覆われている。

　お萩、ぼた餅の場合は自分でゴハンのたぐいを覆っている。

　こうしたものを食べているとき、われわれはいつも、もどかしさ、じれったさみたいなものを感じる。

　鯛焼きを食べているとき、アンコの多いところをいつのまにか重視している。

　アンパンを食べるとき、アンコの多そうなところを、いつのまにか手で探ったりしている。

日本人特有のアンコ第一主義、アンコ重視主義、アンコそのものへの憧れが日本人には根深くあるのだ、と、ぼくは見る。

いつの日か、きっとアンコを単独で、の思いは日本人の永遠のテーマであった。

その思いに応えて登場したのが甘納豆であった。

甘納豆はよくよく見るとアンコである。アンコは小豆の煮たのが団体で寄り固まっているが、甘納豆はあくまで個人である。

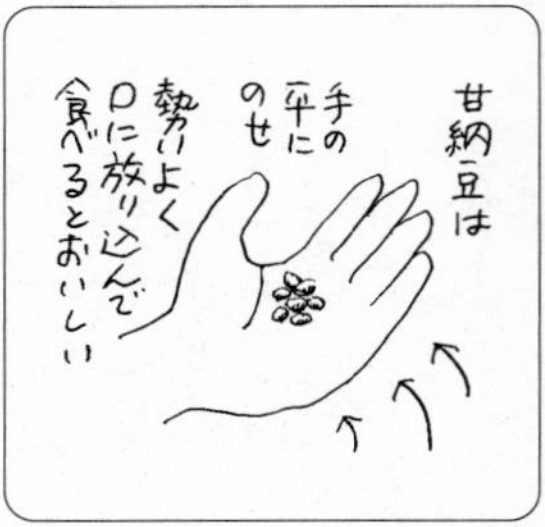
甘納豆は
手の平にのせ
勢いよく
口に放り込んで
食べるとおいしい

たとえて言うなら、アンコがＡＫＢ48で、甘納豆は前田敦子ということになる。

甘納豆には「濡れ甘納豆」はあるが「ビショ濡れ甘納豆」というのはない。

なぜないかというと、ビショ濡れとなると手でつかめなくなるからである。憧れの人と身近にいたい、できたら手のひとつも握りたい、と思うのがスターに対するファンの心情である。

甘納豆も手で持って食べることができるからこそおいしい。

ときには一粒、ときには７、８粒いっぺんに、ときには大口を開けて口の中にザラザラと。

濡れ甘納豆は、手に持てるギリギリのところに位置している。

そしてアンコに最も近いところに位置している。

〝手に持てるアンコ〟という位置で勝負しているのが濡れ甘納豆ということになる。

さて……。

ぼくが手土産にもらった「花園万頭」の「ぬれ甘なつと」の「なつと」の「つ」、小文字ではなく大文字なのに気づきましたか。

本店にぼくが電話して訊いたところ「三代目の弥一郎のときから大文字のつになったのですが、特に謂《いわ》れはない」とのことです。

つまんないの。

スナック菓子をボリボリ

「スナック菓子『カール』が販売終了」が話題になっている。

詳しく言うと、東日本では販売終了、西日本では一部商品を販売継続ということなのだが「国民的おやつ」として愛されてきたスナック菓子が消えるということが一大事であるようだ。

たかがスナック、などと言ってられない時代になっていたのだ。

「スナック菓子なんて、ヒマなときにボリボリ食うもんでしょ」

なんてみんな軽く考えていたものが、こうして事件として報道されるほどの地位をいつのまにか獲得していたのに今更ながら驚く。

確かに今、スナック菓子は隆盛を極めている。

ちょっと名前を挙げてみましょうか。

「ポリンキー」「じゃがりこ」「チップスター」「スコーン」「おっとっと」「プリッツ」「とんがりコーン」「ベビースターラーメン」「カラムーチョ」「かっぱえびせん」「ドンタコス」「カール」

いま12個商品名を挙げたわけだが、この12個全部の名前に覚えがあるのではないですか。

なぜ覚えがあるかというと、この12個全部にそれぞれのＣＭが付いていて、朝から晩まで、その名前を聞かされつづけているからなのです。

たとえば「ポリンキー」。

♪ポリンキー、ポリンキー、三角形の秘密はね……

と期待を持たせておいて、

♪教えてあげないよ

と、はぐらかす。

ぼくはこのはぐらかしに少なからず反感を持っていて、その都度、

♪教えてくれなくてもいいもんね

と返すことにしているのだが、このCMがしょっちゅう流れると、そのたびに♪いいもんね、を繰り返さなければならず忙しくて困っている。

「カラムーチョ」のヒーおばあちゃん、いいおばあちゃんですよね、ぼくはこのヒーおばあちゃんと、カールのカールおじさん、もしかしたら知り合いなんじゃないかと思っている。

少なくとも、道で出会ったら挨拶ぐらいする仲だと思う。

なぜわが国においてスナック菓子が流行るようになったのだろうか。

スナック菓子というのは、昔の日本で言えば茶菓子で、その代表と言うと煎餅ぐらいしか思いつかない。

あと何だろう。

煎餅以外ということになると急に甘いものになってしまう。羊羹《ようかん》、饅頭、甘納豆、団子……。

スナック菓子となると、急にこの甘辛《あまから》問題から解放される。甘いの、辛いの、コンソメ味、カレー味、さっきのヒーおばあちゃんが泣いて喜ぶヒーヒー味など、急に賑やかになる。

そして名前も賑やかになる。

漢字がほとんど失くなって横文字風、日英合体風、二世風というかハーフ系の名前が多くなってくる。

カールはモフモフ系といわれている
モフモフ
中に空洞

つまり国籍が怪しくなってくる。

と同時に内容がわからなくなってきている。

「じゃがりこ」ならば、じゃがいもで出来ているらしい、ということがわかるが「ポリンキー」となると何で出来ているのか見当がつかない。

自分はいま何を食べているのか、ふつう、そのことを気にしない人はいない。

おにぎりならば、自分はいまお米に由来するものを食べているのだ、と、わかりながら食べる。

タクアンならば、大根に由来するものを食べている。

焼き芋ならば、見てのとおり、さつま芋そのものを食べている。

ポリンキーとなると、自分はいま何を食べているのかわからない。

何で出来ているのかわからないポリンキーというものを食べている。

何で出来ているのかわからないが、自分はいまカールというものを食べている。

包装の「原材料」のところを見ればすぐにわかるのだが、それさえ見ようとしない。

人間としてそれでいいのか、動物としてそれで済むのか、と言われれば、ちゃんとそれで済んでいるのだからそれでいいわけなのだが、

「いま自分は何を食べているのか」

が、わからない食べ物、それがスナック菓子というものの正体なのだ。

焼き芋で考えてみましょう。いま、あなたは焼き芋を手に持って食べている。

その焼き芋は、どこからどう見てもさつま芋である。

隅から隅までさつま芋で出来ている。

土から掘り出したままの姿をしている。土から掘り出して自分の口に至るまでの工程がはっきりたどれる食べ物。

そこからくる安心感。

一方のスナック菓子はどうか。

いま自分が食べている物はどこからやってきたのか。

どこからどうやってきてこうなったのか。

何しろ、この物が何で出来ているのかわからないのだから、それらの疑問はすべて闇の中である。

何だかわからないものを、わからないまま食べている不安。

はっきりと不安と捉えていない不安。スナック菓子というものは、やたらにボリボリと連続食いしますよね。あれはそういう不安に駆り立てられるからだ、という説もあります。

ボリボリ、サクサク、カリカリ、モクモク、ガリガリ……そういえばスナック菓子を食べるとき発生する音、あの音も、実は人工的に意図して作られているらしいですよ。

人参「不可解」

「そういえば人参の味噌汁ってないな」

という友人の呟《つぶや》きを聞いたのはつい三日前のことだった。

この場合の人参の味噌汁とは〝具が人参の味噌汁〟のことである。

そう言われれば確かにない。

あることはあるのかもしれないが、これまでの人生の中で人参の味噌汁は一度だって飲んだことがないし、聞いたこともない。

日本の味噌汁というものは懐が深くて、大根の千六本の味噌汁、じゃがいもの味噌汁、キャベツの味噌汁、ナスの味噌汁、ワカメの味噌汁、キリがないのでこのへんで止めるが、里芋の味噌汁、なめこの味噌汁、豆腐の味噌汁、ネギの味噌汁、と、まだまだとめどもなく書き続けたくなるほどどんな具でも受け入れる。

なのに人参だけは受け入れない。

のか、われわれ人間のほうが受け入れないのか。

は、わからないが、とにかく人参の味噌汁はない。

人参、不可解。

人参の不可解、もうひとつ。

それは、ぼくがこれまでの何十年という人生の中で人参の味噌汁がこの世にないということに一度も気がつかなかった、ということ。

つい三日前に友人に「そういえば」と言われて初めて気がついたということ。

友人のこの発言がなければ、

これから先何十年も〝人参の味噌汁〟がないということを気づかずに生きていって死んでいったはず、ということ。

人参の不可解、もうひとつ。

このように、味噌汁は、人参拒否を貫いておきながら、豚汁となると、味噌を使う汁でありながら突如受け入れるということ。

人参は味噌汁に関してだけ、妙なこだわりを見せる一方で、他の料理、カレー、シチュー、煮物、天ぷら、炒め物、酢の物、きんぴら、サラダ、漬物、などなど、あらゆる料理と言ってもいいほど積極的に参加する。

積極的に参加する、とは書いたが、本当のところは誰にもわからない。

どの分野にも、嫌々参加させられているのかもしれない。

人参は彩りがいいので便利がられているだけ、ということなのかもしれない。

人参の本懐は野《や》にあり、ということを言う人もいる。

人参はもともと人間界が嫌いで、野に生きる単なる野生の草木でありたい、ましてや人間の料理界とか、そういった人工的な世界が嫌いなのである、と説く事情通もいる。

そうした境遇の中で、唯一、日頃の鬱憤を込めて我《が》を通したのが味噌汁の具としての自分なのだ、と、その事情通は言う。

うーむ、そうだったのか、と、ぼくあたりは十分納得がいく。

人参はそのように世情に流されて生きる自分の姿を恥じる。

その恥じる思いが赤面となってあのような色になっている、と説く生物学者もいる（ような気がする）。

ここでわたくしは、この文章の流れとして藤村操という人のことを説明しなければならなくなった。

いまの若い人たちは全然知らない名前だと思うが、昭和の世代の人ならば大抵の人が知っている名前である。

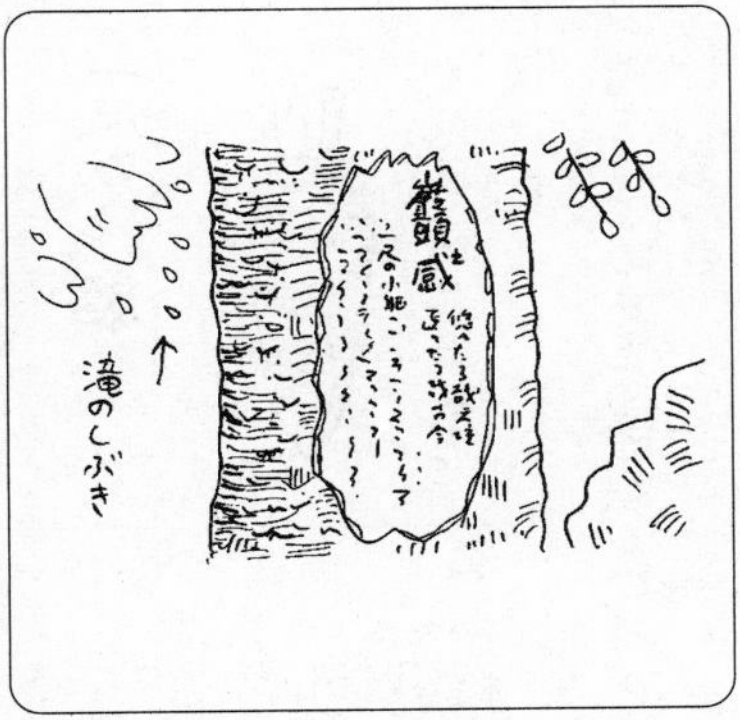

1886年生まれ、昔の一高、いまの東大生で、16歳のとき日光の華厳の滝に飛び込んで自殺した。

これだけでは有名にはならないが、華厳の滝に飛び込む寸前、一通の遺書を書き残した。

この遺書が名文であった。

その名文が人々の心を打った。

心を打って、いっとき一世を風靡したのである。

その遺書は名づけて「巌頭之感《がんとうのかん》」。

悠々たる哉《かな》天壌

遼々たる哉古今
五尺の小軀を以て此大をはからむとす
（略）……
萬有の真相は唯《た》だ一言にして悉《つく》す
曰《いわ》く「不可解」
我この恨を懐《いだ》いて煩悶
終《つい》に死を決するに至る

遺書はこのあとまだ続くのだが、この文章は華厳の滝のすぐ脇の大樹にナイフで削りつけてあった。

華厳の滝、巌頭、滝しぶき、鬱蒼と茂る大樹、大樹の幹に彫り込まれた遺書、若き東大生（早大生ではダメ）、と、道具立てが揃っている上に、夏目漱石もからんでいたという噂もあり、いっとき、この自殺の追随者も何人かいたという。

人参と味噌汁というテーマのこの文章になぜ藤村操の話が出てきたのか。

人参と味噌汁の話が、なぜ暗い自殺の話になっていったのか。

わたくしとしてはごく自然な流れであった。

人参の悲劇を、人参に代わって謳いあげようと思ったのだ。

「味噌汁に於ける人参の真相」は、先にも書いたように今のところ明らかにされていない。


人参が黙っているからである。

なぜ人参は味噌汁を嫌っているのか。

あるいは、嫌っているわけではなくて、そこにはやむをえない事情があるのか。ないのか。

人参の本懐は野にあるのか。ないのか。

悠々たる哉天壌
遼々たる哉古今
一尺（約30センチ）の小軀（人参の身長）を以て此大をはからむとす
人参の真相は唯だ一言にして悉す
曰く「人参不可解」

味噌汁の具は何がグー！か

この連載の前回のテーマは「なぜ人参の味噌汁はないのか」であった。

ないんですよね、人参の味噌汁。

赤い人参が浮いている味噌汁、見たことも飲んだこともない。

なぜないのか。

結局、誰も人参の味噌汁を望んでないということ、飲みたかねーや人参の味噌汁なんて、というようなことでごまかさざるを得ないほど、その実態はよくわからないので、今回はその逆を考えてみたい。

その逆、すなわち、人は味噌汁の具は何が好きか。

これはもう簡単です。

ランク表があります。

①豆腐
②わかめ
③油揚げ
④長ねぎ
⑤じゃがいも

以下、⑥大根⑦玉ねぎ⑧なめこ⑨しじみ⑩里いも（みそ健康づくり委員会調べ・5000人アンケート）。

このランク、誰が見ても妥当だナと思ったはずだが、ぼくとしては多少の不満がないでもない。

プロ野球では毎年オールスター戦の人気投票が行われるが、あの方式で考えると、ぼくとしては1位は豆腐でなく、わかめにしてやりたい。

6位の大根ももっと上にしてやりたい。

このランク表を、そのまま一チームのバッター順として考えると面白い。

そうすると1番バッターは豆腐ということになる。

1番は豆腐よりわかめのほうがいいんじゃないかな。

ぼくが監督だったらそうする。

わかめは長打は望めないが足が速いし身も軽い。

豆腐はわかめよりは足は遅いがバントがうまい（言っておきますが根拠なんてありませんよ）。

3番油揚げ。これはまさにうってつけ。

やや鈍足だが長打を望める。そしてここぞというときの試合度胸がある（根拠はありませんよ）。

問題は4番のねぎ。

誰が考えてもこれは力不足でしょう。

ねぎに4番は打てないでしょう。

だから4番に大根を持ってくる。

チームの花形、4番バッター大根。

納まりもいいんじゃないですか、体格もいいし。

ぼくはファンなんです、大根の千六本の味噌汁の。

湯気の上がる味噌汁椀から大根の千六本をひとつまみつまみ上げる。

ぐっしょりと濡れそぼり、ぐったりしなだれ、箸上下させれば汁したたり、そのしたたりを程よく切って口に運べば、結束の集団ざくりと断ち切られ、細く切られた大根の1本1本の繊維から、そこにしみこんでいた味噌汁が滲み出てきて、ああ大根そのものの旨味、そして滋味、そして大地の恵み、更にざくざくと噛んでゆけば歯の喜び、舌の歓喜。

わかめには
クキクキした歯ざわりのと
ニュルニュルした歯ざわりのと
があるが袋に入っている
時点ではそのどっちか
わからない。
わかめ
ニュルニュル系
どちらかを
表示してほしい！

じゃがいもの5番というのもまさに適役。

じゃがいものどこがどうというわけではなく、何となく安心するじゃないですか、じゃがいもが5番にすわっていると。

8番バッターのなめこ。

よくぞ8番、天職の8番、曲者なんです、なめこ選手は。

盗塁がうまい。

ような気がする、という人は多いと思うが実際

定食屋と
牛丼屋は豆腐より
ワカメが圧倒的に
多いです

にうまいし選球眼もいい。

こういう選手はスターティングメンバーとしては使わず、ベンチに置いといていざというとき代打で使う。

相手のピッチャーは、それまでとまるきりタイプの違うバッターが出てきて調子を狂わせ、バッターは選球眼がいいので四球で塁に出、そこでホラ、盗塁がうまいからたちまち二塁を奪うことになる。

ここで改めて1位から10位までずうっと見ていくと、味噌汁の具は、豆腐にしろわかめにしろ油揚げにしろ、軟らかくてノド越しのいいものばかりということがわかる。

ベストテンに選ばれなかったがナスの味噌汁（14位）もおいしいし、これも軟らかくてノド越しがいい。

ほうれん草の味噌汁（15位）も同様である。

麩《ふ》（18位）なんかその最たるものといえる。

その系統ではなく、どちらかというとパキパキ系、歯応え系はなぜか嫌われている。

ぼくはキヌサヤのパキパキ好きなんだけどな。

キヌサヤは20位にも入っていない。

20位までの一覧表をずうっと見ていって、あ、人参発見、いました人参、意外にも20位の中に入っていました。

人参、13位。

いたんだ人参の味噌汁ファン。

しかも13位。

ナスやほうれん草やもやし、麩よりも上位。

好みは人それぞれだからいいけど、人参がナスより上位、というところがちょっとひっかかる。

ナスの味噌汁のファンとしては承諾しかねる。

20位までの具を見てみると、そのほとんどが野菜であることがわかる。

ベストテンの中に豆腐と油揚げが1位と3位を占めているのが目を引く。

だが、同じ仲間の厚揚げとがんもどきは20位の中に入っていない。

こうなったら、その仕返しに、「豆腐と厚揚げとがんもどきの味噌汁」というのはどうか。

松茸の味噌汁というのを一度経験してみたいと思っているのだが。はたして順位は何位になるか。

東京オリンピックのオカーメ問題

ＩＯＣ会長のジャック・ロゲ氏が、固唾をのんで見守る人々を前にして、白い紙を見せながら、

「トーキョー」（トにアクセント）

と言った日から早くも3年10カ月。

日本は２０２０年の東京オリンピックに向かって走り始めた。

ことオリンピックともなると、実にもう様々な思いもよらぬ準備をしなければならない。

道路標識ひとつとっても、これまで日本人だけにしか通用しなかった表示を国際化しなければならなくなった。

いちばん有名になったのが例の温泉のマーク。

現状のマークでは麺料理などとまちがわれるということで、湯気の下に人を3人ほど配置する案も採用されることになった。

政府は様々な「おもてなし」を考えて、急いで日本中を外国人にもわかりやすい国に変えようとしている。

この問題を統括するのがなぜか経済産業省。つまりお役所です。

なにしろお役所、温泉マークの事案は「JIS Z8210案内用図記号」と物々しく呼ぶ。

そうした数々の事案の中で、経産省のお役人たちが、いま最も頭を痛めているはずの問題がある。

それは日本蕎麦屋の「キツネ・タヌキ問題」である。

この最も誤解をまねきやすい厄介な問題を、どう外国人にわかりやすく説明して表示すべきか、お役人たちは頭を痛めている（はずである）。

いまのうちに何らかの方策を打ちだしておかないと日本中の蕎麦屋で大騒動が起きることは目に見えている。

放置したままにしておくと次のような展開になることが予想される。

2020年8月、オリンピックが始まって10日目のことである。

東京中に外国人が溢れかえっている。

ここ葛飾区は亀有の一隅に一軒の日本蕎麦屋がある。

ここに一人の外国人観光客が訪れる。

この外国人はまずいことに、少々の漢字と少々のひらがなが読める。

この外国人がメニューを見ていって、まずいことに「きつねそば」を発見する。

「キツーネ？（ツにアクセント）ホワット・イズ・ジス？」

まずいことにこの文章を書いてる人も英語にクライ（ので、ここから先の文章はかなりの混乱が予想される）。

外国人は店主を呼びよせてたずねる。

まずいことにこの蕎麦屋の店主は昨年アメリカ一周旅行をしてきたばかりで、生半可な英語を使いたがっている。

店主は額に手を当てて少し考え、「ノー、キツーネ、ホントノキツネジャナーイ」

まず本当のきつねではなく油揚げであることを言わねばならない。「アー、ソイ・ビーンズね、これをまずクラッシュね」

ソイ・ビーンズから油揚げにもっていくまでには相当な時間と説明を要する。ようやく油揚げになったものを、ソイ・ソースとシュガーで甘がらく煮て……。

ちょうど昼めしの時間で店はたてこんでいるが、店主は外国人にかかりっきりだ。

それでもようやく「きつねそば」はきつねの肉が入っているわけではなく、油揚げというものが入っている蕎麦である、ということをその外国人に納得してもらったとしよう。

ここまでですでに10分が経過している。

店主はひとまず額の汗を拭く。

すると外国人が言う。

「ホワイ？　アブラアゲをなぜキツネにたとえる

のか？」

書き手も英語にクライので、途中からひらがな表記となる。

ここのところは日本人でもうまく説明できない部分であるから、ましてこの店主の英会話力で、そしてそれを英語にクライ人が文章にしていくわけだから、相当な時間と混乱と混迷と紛糾と、ときには怒号が飛びかったりすることになる。

そうこうしているうちに、またしても外国人がやってきて、こんどは三人づれで、早くも、

「タヌーキ、タヌーキ」

「オカーメ、オカーメ」

「ツキーミ、ツキーミ」

と騒いでいる。

経産省は、ぼくの考えでは、たぶん、この「キツネ・タヌキ問題」をまだ検討してないと思うので、きょうにも討議に入ってもらいたい。

そして「キツネ・タヌキ問題」としてではなく、もっと物々しい名称で、たとえば

「日本蕎麦通称狐狸《こり》改称問題」としてでもいいから一刻も早く手をつけてもらいたい。

聞くところによると、蕎麦屋ばかりでなく、日本の居酒屋も外国人に人気があるらしい。

「ナワロープカーテン」を一度くぐってみたい、という外国人も多いと聞く。縄のれんは今や日本でも珍しい絶滅危惧種的存在となっているくらいだから、今回のオリンピックで経験しておかないと、その次のオリンピックのときには絶滅しているかもしれない。

日本蕎麦屋と同様、居酒屋にも多数の外国人観光客が押し寄せて騒動になる。

「ヒヤヤッコ？」

「キヌカツーギ？」

「ヤマカーケ？」

おでん屋もたぶん騒動になる。

「ハンペーン？」

「シラターキ？」

「ガンモドーキ？」

わたしサクランボのファンです

ある日わたしは皿の上の一粒のサクランボを見ていて、ふいに涙がはらはらとこぼれ落ちた。

せんちめんたるなと責める勿《なか》れ。

実は詰まらぬことが悲しかったのだ（このへんの文章、丸山薫という詩人の詩をなぞってます）。

わたしたちより無垢で純粋で正直な魂が、美しい鮮紅色の輝きに満ちて、皿の上でじっと動かずに静かに横たわっているのがかわいそうでならなかったのだ。

あまりにも清楚。

あまりにも純粋。

穢《けが》れを知らぬ清らかな魂。

それに対するあまりにも穢れ、あまりにも汚濁にまみれた人間が、そのことを全く気にせずにムシャムシャ食べてしまうなんて。

あってはならないこの世の出来事の一つ。

ついさっき「皿の上でじっと動かずに」と書いたのだが、そうなのです、サクランボは動くはずがないのです。

果物というものは、もともと皿の上で動いたりしないものなのだが、サクランボに限ってふとピクリと動いたりすることがあったとしても、

「ありうるな」

と思わせるところがある。

ピクリと動いたあと、大きく背伸びをしたとしても、

「しそうだな」

と思わせる何かがある。

童心を誘う、というのがキーワードかな。

人間、いったん童心に還ったら、もう恐いものはありません。

どんなものでも童心から眺めることができる。

ついさっき「皿の上でじっと動かずに静かに横たわっている」と書いたが、そうなのです、サクランボは置かれている、ではなく、横たわっている。

バナナなんかはいかにも横たわってる感があるが、サクランボは真ん丸だから横たわらない。

リンゴや柿や梨と同様に置かれてる感が強いはず。

だけどサクランボは横たわる。

なぜか。

柄《え》のせいです。

サクランボには細くて長い柄がついていて、あれを突っかかい棒にして横たわっている。

われわれが片ヒジで頭を支えて横になってテレビを見たりしますね。

あれです。あれをサクランボはやっているのです。

サクランボはふつうプラスチックの箱に詰められて売られているが、ときどき2個の柄の根本のところが繋がっているのがある。

これが嬉しい。

根本のところを持って取り上げて、

「仲良しさんなんだ」

と嬉しい。

正しいタネの出し方はこれでよろしゅうざんしょか
プッ

何しろ、ホラ、こっちは童心に還っているからそれなりの感想になる。そしてまた、この柄の長さが実に絶妙。

実《み》の直径の2・5倍。

これ以上5ミリ長くても、5ミリ短くても〝サクランボの美学〟は成り立たない。あの柄は、正しくは果梗《かこう》というらしいが一種のヘタとも考えられる。

ヘタといえば柿のヘタ、イチゴのヘタ、いずれも邪魔もの扱いされるが、サクランボの場合は便

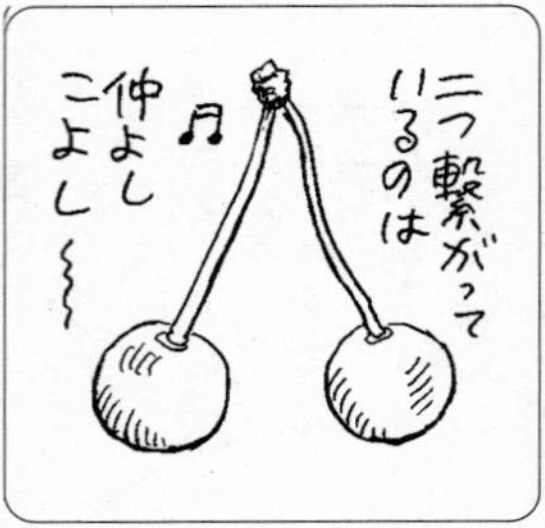

利扱いされる。

ふつう果物はリンゴでも柿でも実のほうを手に持って食べる。

小さなブドウだって実を手でつかんで食べる。

だけどサクランボに限って柄のほうを手でつかむ。

迷わず柄をつかむ。

サクランボを前にして、実のほうをつかもうか、柄のほうをつかもうかと迷う人はいない。

柄のほうをつかんで口のところに持っていこうとすると、柄と実の間に距離があるから、必ずしも実が正確に口に行きつくとは限らない。

ほんのちょっとの間、唇にプラプラ当たる。

ほんのひとときのプラプラであるが、いかにもサクランボのプラプラという感じがあって、ぼくはこのプラプラが好き。

そのプラプラを急いで正しく唇にあてがい、急いで唇ではさみ、急いで歯ではさむ。

この〝急いで〟というところも好き。なぜか急いでしまうんですね、ゆっくりでもいいのに。

歯ではさむと急に安心して、こんどはゆっくり柄を引っぱる。

そうすると、柄がゆっくりと実から抜ける。

この、ゆっくりとプッッと抜ける瞬間もなかなか趣がある。

少し抵抗し、しかし強く抗うことなく、双方の了解のもとに、良心的に事が解決するところが好ましい。柄が抜けると少し安心し、口の中のサクランボを歯と歯の間にはさんでやわやわと加圧していく。

そうすると、みずみずしく張りつめていた皮がプツリと破れ、とたんに甘い果汁が口の中にこぼれ、果肉は口の中に残り、これを潰すと果肉と果汁の香り、それはイチゴのように地表で成熟した果物の香りではなく、高い樹木の上のほうの空に近いところで実った果物の香りと味。

甘さの中に、どこか空の味がし、どこか樹木の系譜を宿した香りがある。

セミが樹液を吸うように、人はサクランボを介して樹液を吸っていることになるのかもしれない。

サクランボの柄を、口の中で折り曲げて結ぶことができる人はキスが上手な人、と世間では言われている。

とりあえず手で折り曲げて輪にしようと思ってやってみたが、それさえ出来ない。

口どころか、手でさえ結ぶのがむずかしい人は上達を望んではいけません。

ビールは泡あってこそ

在原業平は、

「世の中に絶えて桜のなかりせば春の心はのどけからまし」

と詠んだが、わたくしは、

「世の中にビールの泡のなかりせば人の心はのどけからまし」

と詠みたい。

ビールをグラスに注《そそ》ぐと必ず泡が出る。

出ると、どうしたって泡に目が行く。

たとえば二人で居酒屋に行ってビールを注文する。

一人が「とりあえず」とか言ってビンを取り上げて相手のグラスに注《つ》ぐ。

するとグラスの中が泡立つ。

いまや一粒たりとも泡は出ずしかもすっかりあったまってりる
チョビ
しかも残量たっぷり

すると、どうしたって二人の目はグラスの中の泡に行く。二人共黙ったまま、ひたすらその泡を見ている。

二人揃って泡を見つめているひとときがある。

見ていたって、グラスの中に泡が立ち昇っていくだけで、そんな光景はこれまで何千回、何万回と見ているはずで、珍しいわけでも何でもないのだが、それでも二人共黙ってそれをじっと見つめているひととき。

考えてみるとすごく不思議。

ミネラルウォーターだったらこういうことにはならないでしょうね。

やっぱりグラスの中に動きがあるから。

グラスの中でモコモコと泡が盛りあがっていくから。

この泡による沈黙のひとときはとても大切なのだ。

このひとときを共有したことによって二人の間に交情のようなものが生まれる。

二人して泡の様子を見つめあったればこその交情である。

もしこれが商談のスタートだったとすると、この交情はのちに役立つ。

〝ビールが泡立つ魅力〟はまだある。

突然の狂乱である。

それまでのビール瓶の中は穏やかだった。波風ひとつ立たず、ひっそりと静まり返っていた。

なのに、取り上げて注いだ途端、グラスの中は突然狂乱状態となる。

上を下への大騒ぎになる。

ある一群の泡は急降下し、次に急上昇し、ある泡はあらぬ方向に突進して他の泡に激突して分裂し砕け散り、その上に更にビールを注げば激流、急流、大奔流、水しぶき、グラスの中は波乱万丈、大混乱、泡たちの狂喜乱舞、と見ているうちに、さしもの荒れ狂う軍団も少しずつ秩序を回復していき、上面に密集していってまっ白な泡の層をつくって静まり返る。

そうして、見よ、この〝終わりの美学〟を。

頂に白雲ならぬ純白の泡が三割、その下に七割の琥珀《こはく》色に輝く液体、いわゆるビールの注ぎ方「三・七の法則」が期せずして出来あがっていたりするのだ。

ビールの泡の活動はこれで終わりというわけではない。

少しずつ衰えはするもののまだ余力を残している。

ときに一筋、ときに二筋、底のほうから小さな泡の列が少しずつ立ち昇っていく。

飲みながらもそれをときどき確かめる。

確かめるともなく確かめる。

確かめて、少しでも泡が立ち昇っているとそれで安心する。

陶器のジョッキをときどき見かけますね。側面に絵とか描いてあったりするやつ。

それから銅製のジョッキとか錫《すず》製のジョッキとか。

あのたぐいのジョッキはいけません。

ときどき泡の様子を見ようと思っても中が見えない。

すぐ冷えしかも
ぬるくなりま
せん！
それがどうしたッ
（錫製）

ましてや陶器製でフタがついてるジョッキ、ますますいけません。

やっぱりわれわれは、ジョッキでビールを飲みながら、常に中の様子を知りたいらしいんですね。

見えても見えなくても、ジョッキの内部の変化は変わらないということは知っているのに、それでも見たい。ときどき内部の様子を確かめたいという欲求が抜きがたくある。

それなのにフタまでされると、何ということをしてくれるのだ、と腹が立つ。

ガラスのジョッキで飲んでいても、少しずつ泡が減っていくのは寂しい。

ビールは泡と共に飲んでこそおいしい。

鉄は熱いうちに打て。

ビールは泡のあるうちに飲め。

共に至言である。

何なんでしょうね、ビールの泡のあの魅力は。

まっ白、というのがまずいいな。黄色っぽい色のものから、突然生まれるまっ白。

そしてフワフワ。

モニョモニョ。ウゴウゴ。

ほんの少し動いているところもいい。

そしてほんの少しずつ消滅していくところもいい。

ところがいるんですね、ビールの泡に何の関心もない人が。

グラスに注がずに缶に直接口をつけて飲む人。

小ビンをラッパ飲みする人。

常にこういう飲み方をする人は、一度もビールの泡を見たことがないことになる。

せっかくグラスに注いでも、そこにある泡に興味がない人もいる。

こういう人は、ジョッキのビールをゴクゴク飲んだりしない。

一口ちょびっと飲んでテーブルに置き、すっかり泡がなくなったころまたちょびっと飲む。

こういう人たちに言ってやりたい。

ナポリを見て死ね。

ビールの泡を見て死ね。

焦げ目っていーな！

白くてフワフワしたお饅頭のまん中に、ハンコみたいな焼きゴテが押してあるのを見て、

「いーな！」

と思ったことありませんか。

焼きゴテなしの、ただ白いだけの饅頭と比べてみるとその違いがよくわかる。

様式美。

そして完成美。

饅頭全体の形が引き締まり、風格もいちだんと上がる。

熱したコテを饅頭の皮に押し当てると、そこんところがこういう焦げ茶色に焦げて、ほんの少し煙が上がって、ほんの少し焦げた匂いが立ち昇って、なんて、押した瞬間が

行為者ガ罪トナル事実ノ発生ヲ積極的ニ意図シタワケデハナイが、自己ノ行為カラ或ル事実が発生スルト思イナガラ、発生シテモ仕方ガナイト決メテ行為スル心理状態
裁判官
未必の故意

その刻印から想像できる。

一個一個に焼きゴテを当てている人も、そのたびに、

「いーな！」

と思いながら押し当てているに違いないのだ。

でも、ああいうところは忙しないところだから、次から次へと押し当てているうちに「いーな！」がどんどん急速調になっていって「いーなー」「いーなー」「いーなー」と念仏みたいになっていく、ということも考えられる。

どら焼きの場合はどうか。

饅頭と同様、どら焼きにも焼きゴテを押したのがある。

どら焼きの焼きゴテも、あれはあれでなかなか好ましい。

饅頭の焼きゴテより、どら焼きの焼きゴテのほうが好き、というどら焼きの焼きゴテファンも大勢いる。

どら焼きの皮は饅頭の皮より硬めだから、焼きゴテも強めに押すことになり、その結果、刻印が皮にめり込んで凹み、その凹み感がたまらないとどら焼きのほうのファンは言う。

饅頭やどら焼きのあの刻印にはなぜこのようにファンが多いのか。

もう、ずうっと前からぼくはこのテーマに取り組んでいるのだがいまだに結論が出ない。

要するに焦げ目ですよね、あれは。あれがもし焦げ目ではなく、たとえば筆に食紅をつけて描いたものであったりしたら、これほどファンは発生しなかったと思う。

余計なことをするな、と思う人も多くいるはずだ。

焦げ目であるからこその魅力。

焦げ目であるからこそ、あの刻印がおいしそうに見える。

その源流をたどれば火の跡。

このあたりに何かヒントがありそうな気がするのだが、

「日本人のハンコ好き」

を指摘する人も多い。

書類や武者小路実篤さんや相田みつをさんの色紙には、最後に必ずハンコが押してあり、人々はそこのところに様式美や完成美を感じる。

あれと同じ美を、饅頭やどら焼きに感じるのではないか。

ま、それはそれで一理ある、ということにして話をすすめていきたい。饅頭やどら焼きのあの焦げ目は、明らかに意図があって故意につけたものである。

一方、故意とは言いきれない焦げ目もある。

弟子が
オムライスに焦げ目
をつけたらこの
フライパンで頭を
ぶんなぐります

塩焼きの鮎の焦げ目。

串で波を打たせて刺した鮎の塩焼きは、あの焦げ目があってこそおいしい。

焦げ過ぎず、しかしところどころやや焦げ過ぎの寸止め、というむずかしい技術が施してあって全体としてはこんがり。

焼き手はそうした全体像を頭に描きながら、串を回したりして苦心の末に焼き上げる。

食べ手もその苦心を感じながら食べる。饅頭やどら焼きほどの明確な意図ではないが一定の方向

性はちゃんとあって、その方向性に基づいて焼いていく。

「行為者が、ある事実の発生を積極的に意図、希望したわけではないが、自己の行為から、ある事実が発生するのを認めて行為する心理状態」で焼いていく。

法律上の未必の故意にやや似た心理状態が、鮎を焼くコツだと説く料理人もいる（いないか）。

以上述べてきたように、料理と焦げ目は切っても切れない関係にある。実際にはちゃんと焦げているのに焦げているとは見えない焦げ目もある。

カステラの表面の茶色っぽいところは焦げ目である。

どら焼きの表面も、あれは焦げ目なのだ。

そう言われればそうだった、と、今更のように口惜しがってももう遅いのだ。はっきり焦げ目がついていて、はっきりそれが目に見えているのに焦げ目だと気がつかない焦げ目もある。

チクワのあのビラビラした茶色いところもれっきとした焦げ目なのだ。なのに人々はあそこのところは〝チクワのビラビラしたところ〟という認識しかない。

焼き豆腐にもれっきとした焦げ目がついている。

だが、これがすき焼きの中に入っていると〝ただの豆腐〟という認識になる。

笹かまぼこにも焦げ目がついているのに気がついた人はいるだろうか。

こんど笹かまぼこをようく見てください。ほとんどの笹かまぼこに、うっすらと焦げ目がついているのに気づくことでありましょう。

焦げ目と火は密接な関係にあるのだが、火と接しているのに焦げ目をつけてはいけない料理法もある。

錦糸卵がそう。

オムライスの卵がそう。

エ？　そうだっけ？　焦げ目ついてなかったっけ？　という人は、こんど実物をようく見てください。

言われてみればそうだった、と気づいて口惜しがってももう遅いのだ。

トコロ天か葛切りか

夏は涼。
とにかく涼。
こう暑い日が続くと、涼という字が何と涼しく見えることか。
涼を取る。
涼を呼ぶ。
取ったり呼んだりするものなんですね、涼は。
ただ待っているだけでは涼はやって来ません。
積極的に取ることにしましょう。
どうやって取るか。
かき氷で取る。

本物の葛切りは
葛の根からつくるが
出まわってるのは
馬鈴薯などの
澱粉で代用し
本物をちょっと交ぜて
あったりします
くずきり

トコロ天で取る。
葛切りで取る。
ソーメンで取る。
この四つの食べ物を頭に浮かべて、何か気がついたことはありませんか。
そうです、いずれも口の中の滞在時間が短い。
どれもこれもアッという間、ほんの一秒か二秒。
噛むと見せて噛まず、飲むと見せて飲まず、味わうと見せて味わわない。
暑いと何事もどうでもよくなる。
おいしいとか、まずいとかは暑くないときの感覚。

暑いときの食べ物は口の中の長居は無用、硬くて時間のかかる物も無用、熱くてフーフー吹いたりする物も無用。

冷たくて嚙まないで済み、早々に姿を消す物。

かき氷なんか口に入れたあとはただじーっとしているだけですからね。

万事心得た来客のようで、身の処し方を知っていて、しかるべき役割を果たすと頃合いを見て立ち去っていく。

ソーメンは、ま、ところどころちゃんと嚙む。

問題はトコロ天と葛切り。

この二つの共通点はニョロニョロとニョロってるところ。

それから、容器の中で団体で蹲《うずくま》ってるところ。

ゴニョゴニョとゴニョってるところ。

和食の料理人は「器につんもりと盛り付けます」などと言うが、彼らはつんもりと盛ろうとしてもすぐにゴニョっちゃって言うことをきかない。

一本一本が勝手に動くものだから整然とした団体行動ができない。

形状は両者ともよう く似ている。

だから同業者で仲がいいと思われがちだがこれが大違い。

トコロ天は海育ち。

葛切りは山育ち。

だから話が合わない。

氏《うじ》、育ちも違う。

トコロ天は下町の、たとえば板橋区南三丁目の駄菓子屋などで子供が買って立ち食いしたりするが、葛切りとなると京都市西京区東上ルあたりの赤い幔幕を張りめぐらせた茶店が似合う。

葛切りはスキヤキなどの鍋物にも使いまっせ
マロニーちゃんも葛切りのたぐいでっせ

あるいは川床っていうんですか、川の上に板床を張って赤い和傘の陰で啜《すす》る。葛切りにはそういう環境が似合う。

どうもトコロ天の分《ぶ》が悪いな。

ぼくとしてはどっちの味方をするわけでもないが、このままだとトコロ天が気の毒だ。

葛切りは、聞くところによるととても薄情なんですってね。

あの仕打ちは見ていて黒蜜が気の毒でならないという人もいる。

葛切りは黒蜜をかけて食べる。

透明で涼し気な切子ガラスの中に、ちょっと半

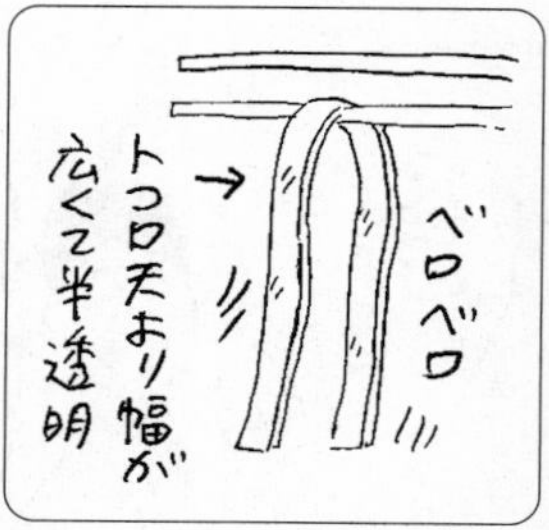

透明で薄くて白い霧がかかったような色をした葛切りが入っていて、そのまん中のてっぺんあたりにまっ黒な黒蜜が黒光りしてかかっている。

見るからに涼し気な光景である。

見るからに、葛と黒蜜の関係は親密そうに見える。

京都人と、葛切りの底意地の悪さをここから先、われわれは目撃することになる。

黒蜜は黒砂糖と水を煮つめたものであるから粘度がある。

一方、葛切りの表面は誰もが知っているとおりツルツルしている。

箸で黒蜜のかかった葛切りを持ち上げる。

そうすると、葛切りにかかっていた黒蜜が、ゆっくりと下降していってやがてしたたり落ちる。

それを止《と》めようとしないんですね、葛切りは。

冷然とそれを見ている。

しがみついている黒蜜を助けないんですね、葛切りは。

助けを求め縋《すが》りついてくるものを無視する。

葛切りの表面を、ゆるゆる、ゆるゆる垂れていく黒蜜、夏の風情としては得も言われぬ涼感にあふれた秀逸な光景ではあるが、人情という観点から見るとどうなのか。

いかにも京都人の底意地の悪さ、京都人の密かな愉しみを感じさせる光景といえるのではないか。

いつのまにか、葛切りと京都人がごっちゃになっている、というご指摘があると思うが、この暑さであれば誰だって頭がごっちゃになって当然なのだ。

ごっちゃついでにもうひとごっちゃ。

関東地方ではトコロ天は酢醬油で食べる。

ぼくはこのトシになるまで酢醬油以外のもので食べたことは一度もない。

地方によっては黒蜜をかけて食べる、ということを聞いたときはギョッとなった。

その「ギョッ」を、この原稿を書いたついでに試してみました。

そうしたら再び「ギョッ」になったのです。

おいしい。

もしかしたら、葛切りより合うかもしれない、とさえ思った。

葛切りはエッジ（切った角《かど》）がはっきりしないが、トコロ天にははっきりある。

そのエッジが黒蜜のまったりに合う。

ぜひ一度お試しを。

冷やし中華もカップで

カップの冷やし中華。
ありそうでなかった。
ある、というのです。
しかもカップラーメン方式で。
ということは容器に熱湯を注いで3分待つという方式。
ここまでの作業は誰にでも経験がある。
だが「冷やし」ということになると、ここから先どういうことをやることになるのか。
どうやって冷やすのか。
冷やし中華を店で食べる場合のことを考えてみよう。
店のおやじが、茹であがった熱い麵を氷水に入れて冷やすことになる。

そしてそれをザルに入れ、上下に激しく振って水切りをすることになる。

激しく振るわけだから、あたり一面に水が飛び散ることになる。

カップの冷やし中華の場合、このあたりの作業はどうなるのか。

あたり一面、水を飛び散らすことになるのか。

インスタント食品に常に興味を持ち、新製品が出るたびに試してみないではいられないわが性分としては、試してみないではいられないのであった。

スーパーにありました。群馬

県の大黒食品工業株式会社の製品で、なかなかの人気商品らしく、いまやファンもいっぱいいるらしい。

容器は丸型ではなく、ペヤングソースやきそばと同型の弁当箱型。

説明のところを読むと、

①添付小袋を取り出す。内側の線まで熱湯を注ぎフタをする。

②3分後、湯切り口をゆっくりはがす。

③カップの両端をしっかり持ち、ゆっくり傾けながら湯切り口からお湯を捨てる。

(やけどに注意)

④もう一度フタを開け、冷たい水を入れ、フタをして水を捨てる。

(水切りを2回以上行うとよりおいしくいただけます)

ナーンダ、拍子抜け。

④で、もっと複雑なことをするのかと思ったらたったこれだけ。

ここからちょっと話が飛ぶが、この製品に限らず、インスタント製品の説明はどれもこれも説明がくどい。

②の「ゆっくりはがす」のゆっくり。誰だって猛烈な勢いではがしたりしません。

③の「しっかり持ち」。誰だって熱いからしっかり持つ。ゆるく持ったりしません。

それに熱湯を扱うわけだから、やけどに注意しない人はいません。

　ついでにもう一つ。

　これはインスタント製品を扱うときいつも考えることなのだが、その製作過程、あれは料理なのか。

　料理とか調理とか、そういうたぐいのことと同じなのか。

　説明書を読んだり、はがしたり、めくったり、小袋をハサミで切ったりしているだけではないか。

　小学校の図画・工作の時間の、工作の時間と同じなのではないのか。

　3分間待っている間、ヒマなのでそんなことを考えていました。

　3分ののち、いよいよ湯切り。

　カップの両端を「しっかり」持ち、「ゆっくり」傾けて流しの中に湯をタラタラ。

　流しの前に立って、しずくが垂れるのをじーっと待っている湯切りのひととき。

　湯を切っている、というより、年老いた自分が漏らしている、というような思いのひととき。

　細川たかしの「矢切の渡し」という歌がありま

すね。

どことなく物悲しい歌であるが、こうして流しの前に立ってタラタラと垂らしている湯切りのわたしもまたどことなく物悲しいものがある。

物悲しいひとときのあと④の、「冷たい水を入れ」に取りかかる。

めくったフタの間から水道の水を流しこみ、それを捨て、という作業を数回くり返す。

なかなか冷えないので氷を入れて掻きまわす。

そののち添付小袋（かやくとスープとからし）を入れて更に掻きまわし、デワデワとカップ冷やし中華と向かい合う。

うーむ、何だか寂しい。

ふだんなら麺上を賑わしている具が何一つ載ってない。

キュウリなく、焼豚なく、クラゲなく、錦糸卵なく、中華麺だけが白々と展開しているだけで全域うたた荒涼。

これがもし盛り蕎麦だったら、何も載っていなくて当然。寂しいなど全然思わない。

老舗の盛り蕎麦だったら、かえってそこに老舗の矜持さえ感じられる。かけ蕎麦も寂しくない。

ソーメンも、何もないほうがかえって清々しい。

うどんを生醤油で食べる食べ方があるが、これも何も載ってないほうがおいしく感じられる。

だが冷やし中華にかぎって、麵の上に何も載ってないのがやけに寂しい。

せめてキュウリを、と思ってキュウリを冷蔵庫から取り出して刻んで載せてみた。

不思議なことに、たったそれだけのことで俄然全体が冷やし中華らしい景色になった。そして味も冷やし中華らしくなった。

げに冷やし中華におけるキュウリの役割の小さからざることよ、と我は知りたり。

インスタントといえど、このカップ冷やし中華はなかなかの味である。

りんご酢とハチミツ入りのスープがおいしく、極小の小袋に入ったほんのわずかの量のからしが実に有効。

麵もそれなりにコシがあって、真夏に火を使わない料理として絶好。

冷やせ！ あったか飯

連日のこの猛暑。

いや猛暑なんてものじゃなくて炎暑、爆暑。

そういう日はなるべく外に出て行かないようにしているのだが、よんどころない事情で出て行かないわけにはいかないこともある。

通りに出たとたん、頭上から猛烈な太陽の熱射、足のほうからコンクリートの道路の照り返しむんむん、とたんに頭くらくら、目どんより、汗だらだら。

こういう状態で十分も歩くと額には玉の汗、下着ぐっしょり、脇の下から汗がツツーと流れ落ちて一本の筋となり、その軌跡を逐一肌で感じながら追っていくと、やがてそれはパンツのゴムのところで止まる。

気持ちがわるい。

ギラギラ
モーヤダー
あまりの暑さに泣きだしちゃった人

不愉快である。

次第に機嫌がわるくなっていく。

そういう状況の中ですでに十分以上歩いているのに、このあと更にもう十分ほど歩かなくてはならない。風はそよとも吹かず、ま昼のこととて通りにはビルの影ひとつなく、頭のてっぺんは常にじりじり。

どんどん機嫌がわるくなっていく。

そしてそれが次第に怒りに変わっていく。一般的に言って、怒りには根拠と相手があるものなのだが、この怒りには根拠はあるが相手がないから始末がわるい。

こんな暑い日にこうしてクソ暑い道路をテクテク歩いているオレ、悲運なオレ、不遇なオレ、と嘆いているうちにだんだん悲しくなってくる。

暑さは悲しみを呼ぶ。

いや、ほんと、暑さにはそういうところがあると思いませんか。

歩みがトボトボになる。

悲しみがどんどん増してくる。

いっそ、ここで、両手を顔に当ててわんわん泣いちゃおうか、と本気で考える。

炎暑の街をわんわん泣きながら歩いていくと向こうからも、わんわん泣きながら人が歩いてくる。

気がつくと、そこらじゅうの人がわんわん泣きながら歩いている。

そういうことになっても何の不思議もない今日このごろのこの暑さ。

まさにこのとき、ああ天は我を見捨てず、ああ天の配剤、目の前にコンビニ。

外が地獄ならコンビニの中はまさに天国。あっというまに怒りが収まり、悲しみも遠ざかる。たちまち店内キョロキョロ、何かおいしいものはないか。

そうだ、今夜食べるものを買わなくちゃ。

このところ暑さのせいで食欲がない。

なにか何か食べなくちゃ。

暑さは人を物臭《ものぐさ》にする。

物を噛むのも面倒になっている。

とりあえずあんまり噛まないですむもの。

噛むのは三回まで。

それから湯気の出ないもの。

暑さと湯気は相性がわるい。

残りものの味噌汁をゴハンにかけた汁かけ飯もおいしいのよねー
ナスが合うのよねー
できたら氷を入れてねー

箸を頻繁に使わないもの。

何しろ物臭太郎になっているので箸の使用は三回まで。

食べ始めてから食べ終わるのが二分以内。そして冷たい冷やし物であること。

最初に目についたのが冷やし中華。

それから冷やしきつね、冷やしたぬき。

もちろんこれらのものでもいいのだが、麺系はほぐしたり、たぐったりするので「箸の使用は三回まで」に反するし「二分以内」にも反する。

即席お茶漬けコーナーの前に立つ。

これだ、と思った。

お茶漬けは本来、ごはんの上から熱いお茶をかけて食べるものだが、最近は水をかけて「冷やし茶漬け」として食べる場合も多い。

実際に世間では「冷やし」専用の製品も売られている。酒悦の「冷やし茶漬ごのみ」というのもあるし、これには「冷水で美味しく召し上がれます」と書いてある。

こういうのもあります
冷やし
シークヮーサー
茶漬け
シークヮーサー果汁使用

永谷園からは「冷やし塩すだち茶づけ」が出ている。

だが実際には「冷やし」を標榜しないふつうのお茶漬けの素でも「冷やし」として食べられる。

そのコンビニで永谷園の「梅干茶づけ」と白飯を買って帰って、その夜の夕食の献立は「冷やし茶漬け」ということになった。

実にもう簡単、買って帰った白飯を茶わんに入れ、梅干茶づけの素をふりかけ、少しおごって、水道の水ではなくミネラルウォーターをとくとく、更におごって百円ショップの氷を入れてカラカラ。

いやァなかなか涼感あふれるいい風景の食卓となりました。

食欲がわかないときの食事にうってつけ。

物臭太郎になっているわが身としては、箸を持ったものの、出番があったような、なかったような。

わが歯のほうも、噛んだような、噛まなかったような気がしているうちに、二分もかからず食事が終了。

食べてみて改めて驚いたのだが、冷たい茶漬けのおいしいこと。

もしかしたら、熱いお茶漬けよりこっちのほうがおいしいかもしれない。

しかもですよ、ここのところはぜひ女性の読者の方々に知ってほしいのだが、この冷やし茶漬けはダイエットに有効なのだそうです。

温かいごはんを食べるより、冷たいごはんを食べたほうが体に吸収される糖質が抑えられるというのです。

かつては、冷や飯を食う、とか、食わされる、という表現は、冷遇されるという意味で使われたが、これからは厚遇、すなわち手あついもてなし、という意味に使われるようになるらしいですよ。

口福は口幅にあり

生物学者の福岡伸一ハカセがこういうことを言っている。

「ヒトの体は一本のチクワのようなものだ」

一本の棒の中心に一本の管《くだ》が通っている。

チクワをタテにして考えると、上の穴から食べ物を入れて下の穴から出す。

チクワの穴の直径はせいぜい一センチ、そこに入れられるのはせいぜいウィンナソーセージ。

人間の口の直径は人さまざまだがせいぜい4センチ。

いま急いで自分の口にメジャーを当てて測ってみたら5センチ、ぼくの口は人より大きいので平均4センチということで話をすすめます。

ヒトはこの直径4センチの穴から食べ物を取り入れる。

ということは5センチ以上の物は口に入らないことになる。

だからあらゆる食べ物は、最終的には4センチ以下のサイズに切ったりして口に入れることになる。

人工的に作る食べ物の場合は、最初から口の大きさに合わせて作る。シュウマイしかり、肉団子しかり、饅頭しかり、握りずししかり。

ところがハンバーガー。

口のサイズの反逆児ハンバーガー。

これは最初から口のサイズを無視している。

厚さ6センチ、7センチのハ

ンバーガーはいくらでもある。

ハンバーガーは厚さだけでなく、さまざまな問題をかかえた問題児でもある。口の大きさに余るハンバーガーを無理やり口の中に突っこもうとするとき問題が起きる。

それまでかろうじて秩序を保って積み重ねてあった具がずれる。

なにしろ当人は大口を開けてハンバーガーが口に入るか入らないか問題に夢中になっているから、そのスキをついてずれた具が落下する。

ハンバーガーは商品である。

商品というものは消費者から苦情があればただちに改良されるものなのだが、ハンバーガーに限って苦情はこない。容認されているのだ。

容認どころか、その食べづらさを楽しんでいる様子もうかがえる。

「どうやら楽しんでいるらしいよ」

ということになって、それならもっと厚くしてやろうということになり、8センチ、10センチというのさえある。

これは話のついでだが、人間は大口を開けて食べ物を口に入れようとするとき、いっしょに目も大きく見開くクセがある。ぼくが思うに、大口を開けたとき目を閉じていても何の問題もないわけだから、閉じている人がいてもいいはずなのに、これまで閉じて大口を開けている人を一度も見たことがない不思議。

「目はりずし」という名前のおにぎりもあって、これはわざと大きく握ってあって、それを食べる人をよく観察していた人がいて、そのことを世間に報告すると「ンダ、ンダ」と頷く人が多かったので「目はりずし」という名前になったのだと思う。

ハンバーガーも目はりずしも、わざと大きくしている「わざともの」である。

最近、巷では「マンガ肉」というものが流行っているという。

園山俊二の「はじめ人間ギャートルズ」に出てくるはじめ人間がいつも手にしている巨大な骨付き肉を「マンガ肉」というらしい。

この「マンガ肉」を売り物にする店もあちこちに出来始めたという。

ハンバーガーと、目はりずしと、マンガ肉に共通する食べ方は「かぶりつく」である。

人間はかぶりつくという行為に郷愁みたいなものを感じるのではないか。

大きな食べ物を目の前にすると理性を失うところもある。かぶりつくという行為は、ある勢いをもって噛みつく、むしゃぶりつくという行為で、自分ではどうにもならない切羽つまった気持ちの

表れであり衝動でもある。

人類の歴史は、そのほとんどが飢餓の歴史であったという。

大昔の人間は毎日毎日腹が減って腹が減って、探しても探しても食べ物を見つけられず、ようやく食べ物を発見したときの気持ちがＤＮＡに残っているらしい。

そのときの食べ物は小さいより大きいほうが喜びは大きいにきまっている。

そしてそのときの食べ方は、食べづらい、とか、持ちづらい、とか、口に余る、とか、そういうことは問題にならなかったと思う。

その本性が、ハンバーガーのとき、目はりずしのとき、マンガ肉のときに現れるのだ。

ウチで飼っていた先々代の猫（ミーちゃん）がまさにそうだった。日本にペットフードがまだそれほど普及していなかったころで、食べる物もまちまち、食事時間もまちまちという時代だった。

ミーちゃんが腹をすかしているとき、大好物のゴハンにかつ節と煮干しを混ぜたものを与えると、食べ始めたとたん理性を失うらしく、まさにかぶりつくように食べ、ときにはしっかりと味わい、味わっておいしいと感じると低い声で「ニャンニャンニャンニャウ

〜」と唸るのであった。思わず声になって出てしまうらしかった。

　それを見ていてつくづく思った。

「人間もあまりにもおいしいと思ったときは唸ってもよいのではないか」

　たとえばテレビのグルメ番組でも、ヘタにおいしさを表現しようとするより、低く唸ってみせる、というのはどうか。

　何と言いつつ唸るか、それはこれからの課題である。

日本の鰻重《うなじゅう》このままでいいのか

世の中には、何事に対しても事なかれ主義の人と、事あれ主義の人がいる。

事なかれ主義の人は何事に対しても現状維持を望み、事あれ主義の人は改革を望む。

ぼくは一貫して事あれ主義の人なので、何事にも一石を投じ、騒ぎを起こし、物議を醸そうと試みる。

今回は「鰻重は現状のままでいいのか」問題を提案して一騒ぎしたい。

いまのところ鰻重の周辺は平穏無事で特に問題は発生していない。

とりあえず鰻重の現状を見てみよう。

現状の鰻重は、重箱にゴハンを敷きつめ、その上に鰻の蒲焼きを二つに切って上下に並べてのせてある。

この「二つに切って」のところに問題はないか。

サンマでさえ
切断を
まぬかれている
というのに

それがどうかしたのか、と人々は問うであろう。

ぼくとしては、ここのところで騒ぎを起こしたい。

日本人は、こと魚となると、丸ごと一匹、という美学に目覚める傾向がある。

丸ごと一匹尾頭付き、を尊重する。

そして切り身を軽蔑する。

たとえば相撲の世界。優勝した力士は丸ごと一匹の鯛を高く掲げて喜びを表す。

正月のお節の一匹の鯛。

子供のお食い初めの膳にも鯛が丸ごと一匹。

定食屋のサンマ定食といえど

も皿の上に長々と丸ごと一匹。

いずれの場合も丸ごと一匹の美学が貫かれている。

しかるに鰻重の鰻はどうか。

はるかに格下のサンマでさえ皿の上に丸ごと一匹悠々とその身を横たえているというのに、鰻重の鰻はまん中からまっぷたつ。

当人の意向も聞かずに、うむを言わせずまっぷたつ。

丸ごと一匹の美学から言ってこれは明らかにおかしい。

鰻重の蒲焼きこそ、その地位、その値段から考えても当然丸ごと一匹でなければならないはずだ。

それなのにまん中からまっぷたつ。

事なかれ主義の人々はここでこう言うにちがいない。

「鰻は、ホラ、うんと長いからさ、丸ごと一匹そのままじゃ、第一、重箱に入りきらないじゃないの」

ということは、重箱に合わせるために二つに切断したということ？

そういうのを本末転倒というのです。

サンマでさえサンマの長さに合わせた皿がある。

いわんや、今や権勢をふるう鰻に、本人専用の器がないというほうがおかしい。

鰻の長さに合わせた、本人専用の細長い重箱を作ればよいだけの話ではないか。

ナニ？　そんなものを作っても、その重箱は鰻重にしか使い道がないじゃないか、だって？

鰻屋は毎日毎日鰻だけを扱う。

その新しいタイプの横長の重箱で、これから毎日毎日鰻重を出すのに何の不都合があるというのか。

ちょっと想像してみてください。

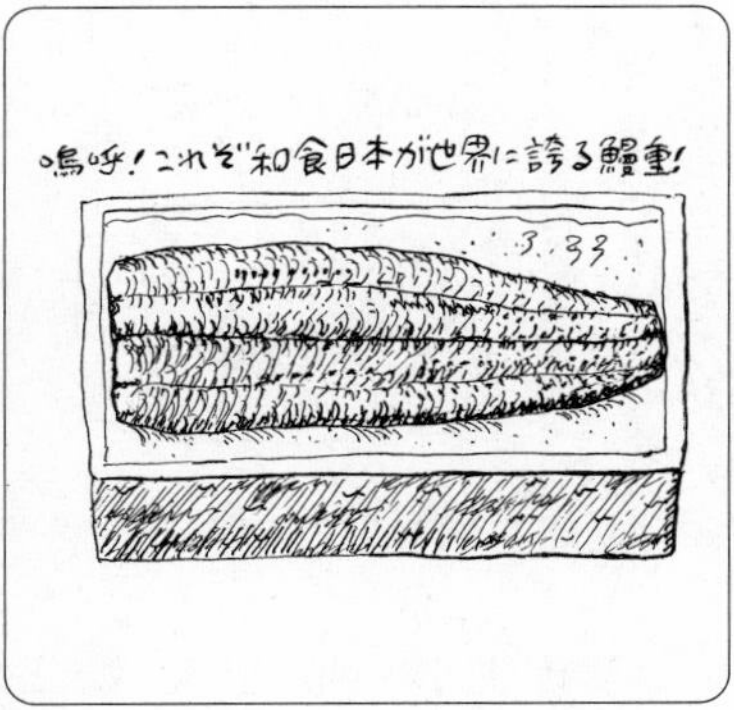

鰻の丈《たけ》に合わせた横に長い重箱に、鰻が全身ののびのびと横たわっている。二つに切られて上半身が上、下半身がその下に並べられているこれまでの鰻重と比較して想像してみましょう。
何というのびのび、何という堂々。これこそが鰻重の本来の姿だったのです。
ぼくは改めてグルメ本に載っているこれまでの鰻重の写真を見てみました。
重箱の上段に上半身、下段に下半身、重箱の敷地ギリギリ一杯に展開している鰻の蒲焼き。

どう見ても「押し込まれている」という窮屈感はまぬかれない。

丸ごと一匹であれば、上半身、下半身という概念はなかったのに、切断したがゆえに急に生まれたその区別。

押し込まれている感が強いゆえに、狭い部屋に大勢がひしめいている感が強く、せせこましさ、コセコセ感を生み、余裕のなさが全体的に貧乏感を漂わせている。

せっかくの大御馳走が貧乏感を発しているのだ。

やはりこれまでの鰻重の路線、すなわち重箱の大きさに鰻を合わせるという考え方はまちがっていたのだ。

鰻に重箱を合わせるべきだったのだ。

さあ、ここでもう一度「丸ごと一匹鰻重」の全体像を思い起こしてみましょう。

もう一度書くけど、何というのびのび、何という堂々。何という風格。

２０１３年、日本が誇る和食がユネスコ無形文化遺産に登録された。

鰻重は和食の中心的存在といっても過言ではない。

値段から言えば和食の大代表と言ってもいい存在である。

その大代表が、容器に押し込まれた上半身と下半身であってはならない。

狭い部屋にひしめいている貧乏くさいものであってはならない。

悠々の敷地に堂々一匹の鰻でなければならない。

今からでも遅くない。

これからの鰻重はまちがっても二つに切断してはならないのだ。

これから全国の鰻屋がいっせいに丸ごと一匹用の重箱を新しく注文することになれば、日本のGDPの上昇にも少なからぬ影響があるはずだ。

ここでただ一つ問題がある。

鰻重のほうはこれで解決したことになるが、鰻丼のほうはどういうことになるか。

横に長い丼となると、作るのむずかしいぞ。

え？ サンマをいっぺんに二匹⁉

「サンマ塩焼き」

と聞いて、あなたはどういう想像をしますか。

「こう、横に長い皿の上に、サンマが一匹、こう、横たわっていて、焼きたてだったら、こう、お腹のあたりの脂がプチプチはねていて、皿の隅のところに、こう、大根おろしがちょこっと添えてあって」

と、「こう」のたびに両手の親指と人さし指を、こう、横に長い皿の形にしながら説明すると思う。

この説明の中で何気なく口にした「皿の上にサンマが一匹」が、実は重大な意味を含んでいることにあなたはまだ気づいていないはずだ。

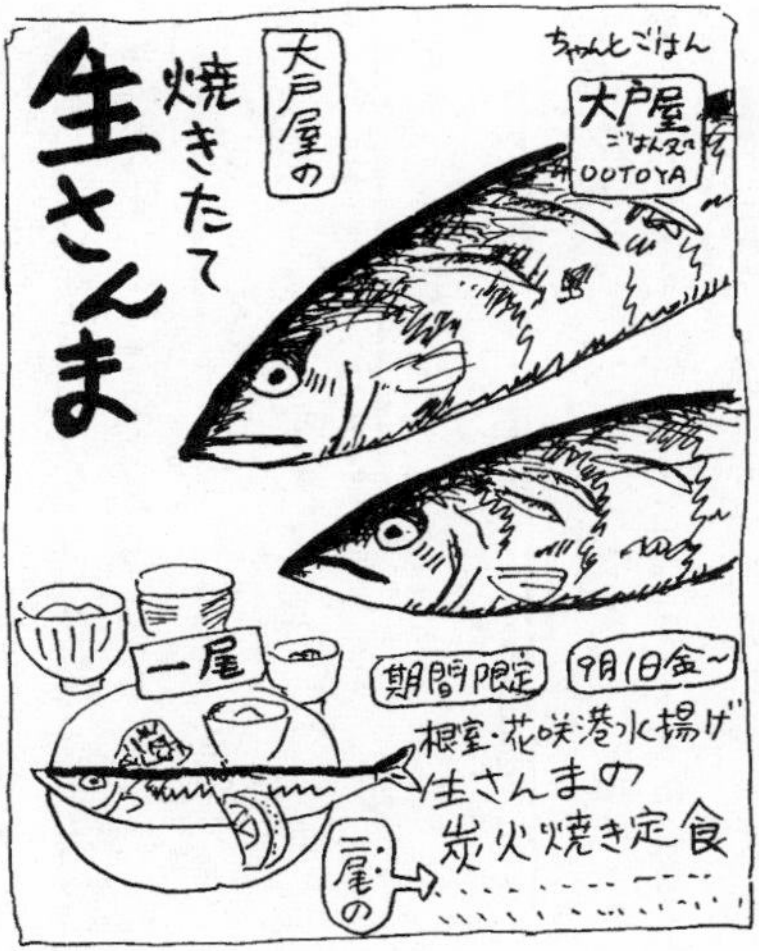

皿の上にサンマが一匹。

皿の上にサンマが二匹、という発想をする人はまずいない。

サンマはやっぱり一匹なんだなぁ

二匹だと多いんだなぁ

と、相田みつをさんならあの筆致でそう書いて、左の下のところに「みつを」というハンコを押すと思う。

それを読んだ多くの人は、

「そのとおりなんだなァ」

と大きくうなずく、というのが日本の目下のサンマ塩焼き状況、ということになる。

ところがある朝、いつものように朝刊を広げると、一枚の折り込みのチラシがハラリと落ちた。

そのチラシはかなり大きく新聞一頁の半分の大きさ。

そこにサンマが二匹、並んで大きく写っている。

週刊誌だと、二人並んで大きく写っていたりすると大変な騒ぎになるが、サンマが二匹の場合は大丈夫なはずなのだが、そこに書かれている文言を読んだぼくは、

「これは大変なことになったぞ」

と思った。

その文言は、大綱を要約すると、

「ちゃんとごはんの大戸屋です。このたび『生さんま定食』というのを期間限定で発売することになりました」

といった内容で、ここまでは特に問題はない。

問題は次の一項です。

「根室・花咲港水揚げの生さんまを丁寧に焼き上げました。一尾の定食と、ボリュームたっぷりの二尾の定食がございます。どうぞご賞味ください」(傍点筆者)

さり気なく「二尾の」と書いてある。

これまで日本人の誰もが、みつをさんでさえ想像だにしなかった「二尾」が、さり気なく表記されている。

本来なら、

「本邦初のいっぺんに二尾‼」とか、

「サンマ史上、驚天動地の二尾‼」

とか、そのぐらい騒いでも当然のことなのに、さすが定食界の王者大戸屋、そのとき少しも騒がずチラシの片隅にひっそり。

人々の意表を突く二匹。

人々のムヒョーを突く二匹。

人は驚くとムヒョーと叫ぶあのムヒョーです。

チラシがハラリと落ちたのが8月31日。

大戸屋の「二尾定食開始」が9月1日。

大戸屋はぼくの仕事場から歩いて5分のところにある。

スケジュール表と照らし合わせて決行は9月7日（大安）と決める。

それからは寝ても醒めても「サンマをいっぺんに二匹」が頭から離れない。

「いっぺんに二匹」はぼくにとって衝撃の新事態

なのだ。

ぼくのサンマ史上、いっぺんに二匹は皆無である。

一皿に、こう、二匹並んで出てくるわけでしょ、と、自分で「こう」を作って想像してみる。

日本の殿様史上、いっぺんに二匹食べた人はいないのではないか。

落語の「目黒のさんま」の殿様だって、あのとき多分一匹だったと思う。

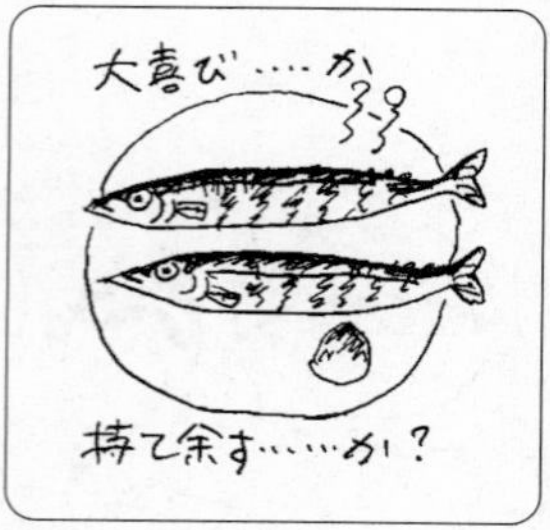

贅沢が過ぎる、というのともちょっと違うし、多過ぎる、というのとも違うし、じゃあ嬉しくないのか、と言われれば嬉しいし、たとえばハンバーグ定食を頼んだら一皿にハンバーグが二個並んで出てきたのと同じ心境か、と問われれば、あ、それと同じです、と答えたあと、やっぱりそれとも違うな、と思うし、あまりに意表を突かれて脳みその腰が抜けた状態なのです、と答えて、脳に腰があるのか、と言われても困るし……あなたもいっしょに考えてくださいよ、いっぺんにサンマを二匹食べろと言われた場合を。

あ、大事なことがあった。

一皿に二匹のせて出てくるのか、それとも一皿に一匹ずつ二皿で出てくるのか。

その場合大根おろしの量はどうなるのか。

一皿に二匹の場合でも大根おろしの量が一匹分だと損をすることになる。

確かめに行きました。

店の入口のところにある実物写真を腰をかがめて見る。

一匹の場合と二匹の場合の写真が並べてある。

二匹の場合も別皿ではなく一皿に二匹。

大根おろしも、二匹の皿のほうの分量は一匹の分の二倍。

二匹に大小はあるのか。

二匹とも同じ大きさ。

討ち入りを前にした赤穂の浪士のように、毎日偵察を繰り返していよいよ討ち入りの9月7日。

本懐を遂げようと勇んで駆けつけると、「サンマ不漁につき入荷がありません」の貼り紙が入口のところに。

そういえばテレビで、大戸屋では当初の予定の大きさが獲れず、小ぶりのサンマなので値下げする、などと不吉なことを言っていたので、もしかしたらとは思っていたのだが。

乞う、ご期待、捲土重来篇を。

サンマ二匹同時食べの成果

「サンマとれない……嘆きの秋」

という記事が朝日新聞に載ったのが2017年9月15日の朝刊。その後、

「サンマまつり不漁で中止」

というニュースもあちこちで流れるようになったのだが、まさかその余波がわがスケジュールに影響を及ぼすとは思わなかった。

9月7日が「大戸屋で『サンマ塩焼き二匹定食』を食べる日」と決めたわがスケジュールにも余波が及んだのである。

前回、「9月7日決行」と予告したその当日、大戸屋の入口のところに「サンマ不漁につき入荷がありません」という貼り紙。

その前日も、前々日も、その貼り紙があって、もしやとは思っていたのだが……。

「サンマのハラワタはこのようにして取ります」と当然のことのように言う人に対して……
ちがうだろ〜〜〜ォ
この……
この……
ハラワタ好き
ブルブル
「デッパー」と言おうとしている

しかも、その前々日まで入口のところにあった「サンマ塩焼き二匹定食」の実物サンプルが取り払われている。

愕然、呆然、悄然。

日本人ならば「サンマ塩焼き定食」と聞いて頭に思い描くのは、長方形の皿の上にのっかっているサンマは一匹だけ。

二匹を思い描く人はいない。

長方形の皿をベッドと考えると、サンマ塩焼きのベッドは常にシングルづかいだった。

サンマが二人でいっしょのベッドに寝る姿を想像する人はいなかったのである。

日本サンマ史上初の、ダブル

ベッドに二人で寝ているサンマ。

同じ二匹でも、サンマとイワシというのならありえないことではない。サンマとアジというのもありうる。だが、一つのベッドの上に同性同士（異性同士かもしれないが）のサンマが同衾《どうきん》して横たわっている（しかも裸で）姿を日本人は想像しにくい。

しにくいが、もしそうだったら嬉しいな、とは思っていた。

その夢を大戸屋が実現してくれるはずだった。

「一回の食事に二匹のサンマ」というのは、豪遊というのとはちょっと違うかもしれないが、日本の富豪史にも名を残す、かの大富豪・紀伊国屋文左衛門でさえ多分なしえなかった快挙、といっても過言ではない、といえないこともないような気がしないでもない。

その夢がはかなくも消え去ったのだ。

いや、まてよ、はかない夢どころではなく、何のことはない、いますぐにでも実現可能ではないのか。

サンマ不漁の噂はあちこちで喧伝されてはいるが、不思議なことにどこのスーパーでも売り場にサンマはあふれている。

例年より高いとはいっても一匹せいぜい３００円。二匹で６００円。

紀伊国屋と張り合おうというのに、300円とか600円とか言ってる場合ではないではないか。

いますぐ近所にある西友に行って二匹（600円）買ってくれば、いますぐ果たせる夢ではないか。

「ど生鮮。」を標榜する西友で買ってきたサンマは二匹ともピカピカ。

ピカピカに塩をパラパラ。

魚焼き器にピカピカを二匹のせてガスコンロ、バッチン。

やがてピカピカから煙、お腹のあたりから脂がプチプチ、大きめの皿に取り出して二人を同衾。枕のあたりに大根おろし。そのてっぺんに醬油を2滴、3滴。

定食屋風のプラスチックのトレイ（木目入り）の奥にサンマの皿、その手前左にゴハン（2分でゴハンのパック飯を茶わんに盛り直したもの）、手前右に味噌汁椀（永谷園の即席味噌汁）、いずれもちゃんと湯気が上がっている。

紀伊国屋と張り合うのであるからすべて本式で

ありたい。

まず一匹目（上下二匹に並んだうちの手前）に箸をつける。

いつもの通りまず腹部（含ハラワタ）をえぐり取り、その上に大根おろし（含醤油）をちょびっとのせて口に入れ、大急ぎでゴハンを後追いさせる。

旨い。

旬のサンマに熱々のゴハンは合う（パック飯だけど）。

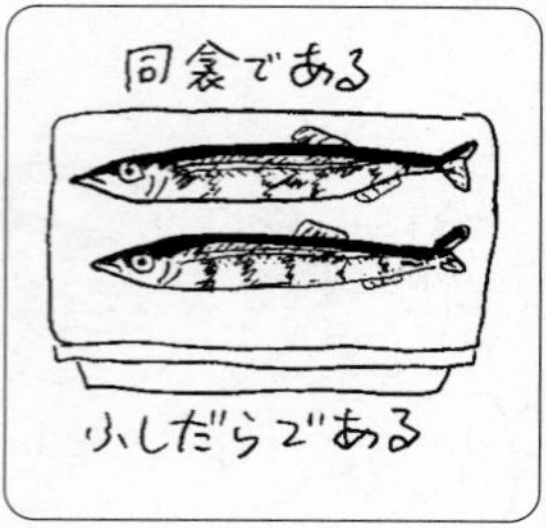

腹部を食べ終え、肩のあたり（背中？）を食べ、尾部のほうまで食べ尽くし、引っくり返して裏部に取りかかる。

裏部も全部食べ終えてその骨をワキに寄せて二匹目に取りかかる。

実を言うと事前に悩んでいたことがあった。

二匹のサンマを食べる食べ方には様々な方法がある。

一匹全部食べ終わってから二匹目に取りかかる……か。

二匹を思いつくままにほじって食べる……か。

たとえば、一匹目のハラワタのところを食べたら、次のもう一匹のハラワタを食べる、というハラワタ第一主義の食べ方。

どういう食べ方でいこうか、と、実は悩んでいたのである。

ところが、いざ実際に食べ始めてみると、もう、ごく自然に、一匹目をきちんと食べ終え、もう、ごく自然にその骨をワキに寄せ、もう、ごく自然に二匹目へと移ったのであった。

本当にもう、ごく自然な流れなのであった。

このときつくづく思った。

オレって、これでなかなかキチンキチンとした人間なんだな、物事にけじめをつける、何事にも誠意をもって臨む、そしてふしだらとか、不正とかを憎む正統派の人間なんだな、と。

と同時に思った。

オレって冒険とか、そういう大きなことはできないタイプの人間なんだな、と。

サンマ二匹定食を食べた大きな成果がこれであった。

「お通しはサービス」とは限らない

世の中の殆どの人の生活はマンネリである。
毎日毎日同じような生活の繰り返し。
誰もがそのことを気にしていて、
「マンネリだなあ」
と嘆く。
マンネリはよくないこととして考えられているのだ。
そこで思いつくのが打破である。
マンネリといえば打破。
打破は冒険を招く。
冒険というと誰もがつい大きな冒険を考えがちだが、とりあえず小さな冒険から。

この問題で悩まなかった人はいなり
このお通しは金を取るのか取らんのか
コンニャク2切れ
BE

たとえば、いつも通っている居酒屋ではなく、新しい店のノレンをくぐってみる、という程度の冒険。

実際にやってみるとわかるが、これ、けっこう冒険気分を味わえる。

早い話がお通し。

大抵の居酒屋では、店に入って座るとすぐにおしぼりとお通しが出てくる。

たとえば小鉢にコンニャクの煮たのが2切れ（消しゴム大）とか。

初めて入った店では、このコンニャク2切れは金を取るのか、あるいはサービスでタダなのか、がわからない。

取るとしたら200円取るのか300円取るのか。

その日の飲み代の予算枠が2000円だとしたらその違いは大きい。

200円取るなら早めに断ったほうがいいし、でも、こういうお通しは断ってもいいものなのか、断れないものなのか。

注文を取りに来たパートらしいおばさんは、注文した生（中）を置くと黙って立ち去ってしまったが、この時点で、生（中）450円とお通し200円の売買契約が成立してしまったのか、していないのか。

富山の置き薬だと、使わなかった分の金は取らないが、このコンニャク2切れは手をつけなければ取らないのか、それでも取るのか。

いま勝手にコンニャクは200円と仮定したが300円かもしれないではないか。

2000円の予算枠の中の100円の差は大きい。

こうなると小さな冒険どころか大冒険ということになる。

テレビの番組に「はじめてのおつかい」というのがある。

5歳ぐらいの幼児が生まれて初めておつかいを頼まれる。

パン屋さんに行ってパンを買ってくるというおつかいで、お金を持たされ、パン屋さんに行くまでの道のり、そこでの店の人とのやりとりなどをスタッフが本人に気づかれないようにカメラに収める。

本人にとっては生まれて初めての大冒険ということになる。

あの方式で「おじさん生まれて初めての店のノレンをくぐる」という番組にしてみましょう。

おじさんにとっても大冒険なのだから。

おじさん、生まれて初めての店のノレンをオズオズとくぐる。

パートらしいおばさんが、おしぼりとお通しを黙ってテーブルに置く。

お通し鑑定士（鑑定歴25年）
これはグチとイトヨリ鯛の自家製です
↑カマボコ

おじさん「生（中）」を注文。

おじさん、小鉢の中のコンニャク2切れを見つめ、黙って立ち去ろうとしているおばさんに向かって中腰になって「待って」というような手つきをしたのち座りこむ。

困惑の表情のクローズアップ。

コンニャク2切れでお金を取るのか、取らないのか、質問しようとした場面である。

まったくもって、居酒屋のお通し問題はむずかしい。

ホタルイカが有料かサービスかの分岐点

居酒屋のお通し慣習は曖昧に発生し、曖昧のまま続行され、曖昧のまま今日に至っている。

日本人同士だからこれで済んでいるが、まもなくオリンピックがやってくるのだ。

そうなると外国人も大勢やってきて、いま居酒屋は人気があるというから店は外国人だらけになる。

当然、お通し問題をめぐってどの居酒屋も大騒ぎになる。

コンニャク2切れのお通しだったら金額的にもそれほど大きな問題にならないと思うし「イカゲソの唐揚げ」も大したことにはならないと思うが、これがもし「ホタルイカ」だったらどうなるか、「しゃれた小鉢にホタルイカ3匹青じそと食用小菊添え」ということになるとどうなるか。

いまのうちに、政府は「居酒屋お通し規制法」を準備しておいたほうがいい。

コンニャクの煮たのや里芋の煮たのあたりはそれほど紛糾しないと思うが、「カラスミ2切れ」とか「自家製カマボコ3切れ」あたりになるとかなり揉めると思うな。

「たたみいわし」も説明のところがむずかしいな。

そこでこれはぼくの提案なのだが、不動産鑑定士という職業がありますね。

あの制度を真似して「お通し鑑定士」というものをつくる。

お通しをめぐって店と客が紛糾するとお通し鑑定士が出てくる。

お通し鑑定士というくらいだからお通し鑑定士試験に受かっているわけで、お通しに関する知識は豊富である。

このカラスミは何故値段が高いか、など立ちどころに解説できるし説明もできる。

あ、そうか、外国人が相手だから通訳案内士試験も受かってないといけないことになるな。

そうなってくると、お通し鑑定士試験は相当な難関ということになるな。

そうなってくると、不動産鑑定士が扱う金額に比べると、お通しの金額は200円とかせいぜい500円ぐらいだから、誰も受験しないということになるな。

つけ麺を哲学する

満々とスープを湛《たた》えてかくあれば
これぞラーメンと人は言うなり（詠み人知らず）

まさにそのとおり。

丼のフチのところまで満々とスープを湛えたラーメンを、

「ヘイ、おまち！」

の声とともにカウンター越しに受けとる。

このとき思わず両手を差し出して拝むような姿勢になるのは、これから食べるラーメンに対する庶民の万感の思いがそこに込められているからだ、とはラーメン界一般に広く知れわたっている事実である。

もう一度書くが、ラーメンの魅力はスープ満々の魅力。

これがもし、スープがちょっぴりだったら。

渇水期の小河内ダムのごとく、底のほうにスープがわずかだったら。

丼の底にスープがちょっぴりで、そのところどころに、チャーシューやメンマや煮卵が浮島のようにわずかに頭を出しているとしたら。

ラーメンの魅力はたちまち半減する、どころか全滅する、と言う人さえいる。

つけ麺ファンには申しわけないが、つけ麺はどちらかというとそっち側に属する。

「つけ麺は拝まない」

という名言がラーメン通の間ではしばしば囁かれていると聞く。

確かにつけ麵をカウンター越しに受けとるとき、拝む姿勢になる客は少ない。ラーメンほどの有り難みがないからである、と同時に、つけ麵のスープは満々でないからである、と同時に、つけ麵の場合は容器が二つになるからで、いちいち拝んでいたのでは忙し過ぎるからである。

つけ麵は、世間一般では、一応、ラーメンの仲間と考えられているようだが、それは大間違いである。

風景がまるで違う。

盛りつけがまるで違う。

まずラーメンから見ていってみよう。

わたくしはラーメンを目の前にするといつも木下利玄の短歌を思い出す。

牡丹花《か》は咲き定まりて静かなり
花の占めたる位置のたしかさ

ラーメンの表面を見てみよう。

店によって様々だが、円型の中央にチャーシュー、その右下にナナメに揃えて並べられたメンマたち、左のフチに半切りにされたまん丸くて黄色い煮卵、上方右に立てかけられている黒々とした海苔。

ラーメンは置き定まりて静かなり
チャーシュー、メンマの位置のたしかさ
注文したラーメンが目の前に置かれると一応全体を見ますよね。
そうして一応メンマとチャーシューの位置関係を確かめたりしますよね。
その位置関係がとても好ましい、とか、好ましくない、とか、そういうことじゃなくて。
そういうひとときが、つけ麺にはないわけです。

ここでつけ麺の全容を改めて見てみましょう。

ラーメンは丼一個で勝負しているがつけ麺は容器が二つに分かれる。

まずここが大きく違う。

店によって様々だが、大きめの丼には麺だけ、ひとまわり小さい丼にスープといっしょの具、というのが多い。

催し物という観点から見てみましょう。

会場が二か所に分かれている。

高校野球で考えると、甲子園球場で二つの高校

が一つの試合を二か所で行っていることになる。

多分、頭の中が混乱してきたと思うが、実際がそういうことなのでわたくしとしてもどうすることもできない。

麺が盛ってある大きい丼。

具とスープが入っている小さめの丼、この二か所で試合が行われることになる。

一見、主会場は麺が盛ってある大きい丼のほうに思えるがそうではないらしい。

小さいほうの丼には、チャーシューやメンマや煮卵などが寄り集まって控えているので、一見ベンチに見えるのだが、実際の試合はここで行われることが見ているうちにわかる。

大きいほうの丼から麺を連れてきては勝負をさせているので、大きい丼のほうがベンチだということがわかる。

しかも、最初ベンチに見えた主会場はスープで水びたしで、その水びたしの中で試合が行われているのだ。

このあたりの仕組みは素人にはわかりにくいのだが、つけ麺界にはつけ麺界の仕来たりがあるので、主催の朝日新聞としてもどうすることもできないらしい。

ふつうのラーメンに比べるとつけ麵のファンは少数派である。

少数派ではあるがその人気は根強い。

つけ麵の最大の魅力は何だろうか。

つけ麵ファンが口を揃えるのは、麵重視の思想である。

スープより麵。


つけ麵の麵は太麵。

丸くて太くてコシのある棒状のものを、歯で断ち切っていく快感、これに取りつかれた人たちがつけ麵のファンになる。

つけ麵の麵はいったん水で引きしめてあるので歯応えが最後まで変わらない。

麵のためにはスープのほうは敢えて軽視する。

ふつうのラーメンのスープは、麵が引き上げられるとそのままずり落ちるが、つけ麵のスープは、あくまで主君に随行する。

つけ麵ファンはそれを忠誠として愛でているところもある。

「松茸は今どうしてる?・」

今年(2017年)はどういうわけか松茸が話題にならない。

毎年、秋口になると必ずと言っていいほどサンマと松茸が話題になる。

テレビでも新聞でも、今年はサンマが不漁で一匹400円もする、とか、松茸は天候に恵まれなくて苦戦している、とか、その年々のサンマ・松茸情報が何回にもわたって報道される。

今年に関して言うとサンマのほうの記事は例年どおり、あちこちで目にした。

ところが相棒の松茸のほうの記事は、今年に限ってさっぱり見かけない。

ぼくがこれまで見た限りでは、松茸の動向についてはテレビでも新聞でもほとんど報じられていない。

これはどうしたことか。

明らかに異変である。松茸の身の上に何かあったのか。

そういえば去年の秋も、サンマの記事はしきりに出たが松茸の記事は少なかった。

考えてみると、松茸の記事は年々減少しつつあるような気がする。

タレントの場合もこういうことはよくある。

一時、人気絶頂のタレントがいて、その情報はあちこちに溢れていた。

何年か経って、

「そういえばあのタレント、最近見かけないね」

と言われるようになり、

「そういえばそうだね」

と、みんなが同じような思いになったある日、ふとテレビをつけると、

「あの人は今どうしてる？」

という番組をやっていて見ればそのタレントが出ている。

そのときそのタレントにみんなが期待するものは何か。

〈できたら落ちぶれていてほしいな〉

という気持ちがないとは言い切れないところがある。

「いまは小さなスナックを細々とやっている」

というナレーションが入ると思わずニッコリし、「小さな」というところで小さく頷き「細々」のところでは大きく頷く。

松茸もいまそういう状況になりつつあるのではないか。

いまはまだ多少は往年の人気の名残が残っているが、そのうちどんどん忘れられていって人々の話題に上らなくなる。

その兆候の始まりが今年ということも考えられる。

ここから先、松茸はどのような運命をたどるのだろうか。

松茸に対する人々の思いは様々である。

あくまでも松茸を尊敬する人、松茸に反感を持っている人、松茸を軽蔑する人、松茸を怨んでいる人。

松茸に面と向かうと急に卑屈になる人も多い。バブルの頃はこういう人が多かった。当時は何しろ一番高い松茸が一本三万円というのがあった。

五万円というのさえあった。

こういう値段の松茸が、一流デパートの入口のところに雛段形式でうずたかく飾りつけられ、そのてっぺんには一本五万円の松茸、裾野のほうであっても五千円、さながら大きなクリスマスツリーのように周囲の人々を圧し、その人だかりから遠く離れた場所で拝んでる老婆もいたし、賽銭を投げる人さえいたのである(ウソです)。

あのころの熱気から見れば、人々の松茸信仰は明らかに薄らいできている。
年々、更に薄らいでいってついに今年、テレビ、新聞に無視されるようになったのだ。
ここから先は？　あと十年先、二十年先の松茸の運命は？

絶滅を考える人は多いと思う。

が、その一方で大豊作、大繁栄も考える人もいる。

気候の大変動による松茸の大繁殖。

これから先、地球の環境はどんどん変化していき、「松茸の生育環境にぴったり合致した気候の到来」。

そうなったら松茸は生えて生えて日本中の山という山が松茸だらけになる。

そうなったら人々は松茸を踏んづけ、蹴ちらしながら山を登ることになる。

あたり一面松茸の匂いだらけ。

松茸防臭マスクがナイキから発売される。

気候の変化だけではない。

「松茸の人工栽培ついに成功!!」

ということだって考えられないことではない。

日本人の夢だった松茸の人工栽培がついに成功するのだ。

この話には、成功したのは意外にも日本人ではなく、モロッコ人とトルコ人とブータン人の共同研究であった、というおまけがつくのだが、何しろおまけなのであまり話題にならないと思う。

いずれにしてもずっと先の仮の話なのでどういうことになるのか誰にも予測はつきません。

松茸の人工栽培に成功した、となると世の中はどう動くか。

特にデパート、スーパーなどの流通系はどう動くか。

そうだ、いっそこうしましょう。

地球の環境が大変化して日本中に松茸が大繁殖して人々が山の中で松茸を踏んづけて歩いているちょうどそのころに「松茸人工栽培に成功！」のニュースが流れる。

万が一そういうことになったら日本の松茸事情はどうなるのか。

きょうも松茸、あしたも松茸。

学校給食も毎日毎日松茸ごはん。

生徒は松茸ごはんの中から松茸を拾い出しては机の下に置いてある松茸バケツに「くさい、くさい」と言いながら捨てる。

果物の巨大化とライザップ

最近、梨が大き過ぎると思いませんか。

果物屋の店先を何となく眺めていて、ふと梨の実に目が行くと、

「ウワッ、でっかい!」

と思う。

そのぐらいでっかい。

年々大きくなってきているな、とは思っていたのだが、今年は特にでかい。

果物にはそれぞれの大きさがあって、リンゴはリンゴの大きさ、梨は梨の大きさ、柿は柿の大きさ、それぞれが自分の身の程を知っていてそれを守ってきた。

だから果物界では身の程を実の程と書いてそのことを教えてきたと言われている。

果物の大きさの基準がよくわかるのがセザンヌの絵である。

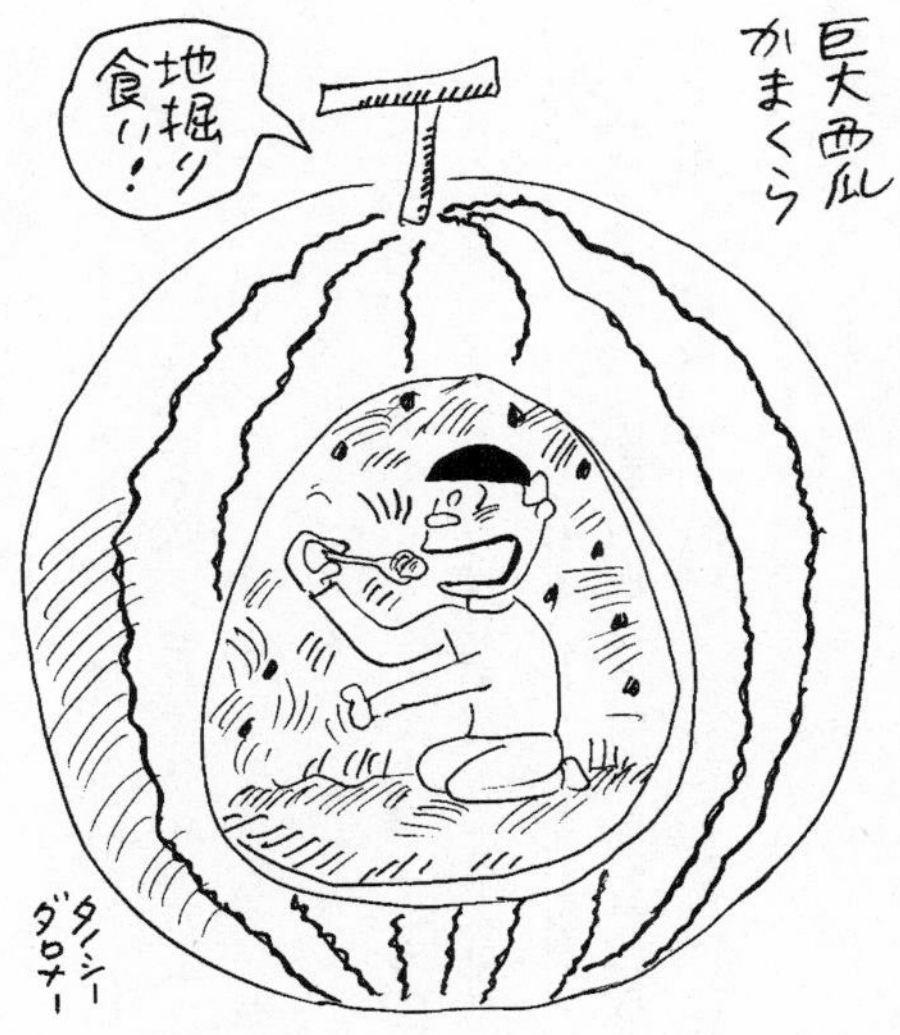

セザンヌは果物が好きだったらしく、様々な静物画をたくさん描いているが、あれだって果物に大小があればこその絵である。

果物に大小がなかったら、リンゴもオレンジも梨（西洋梨）もサクランボもイチゴも桃も全部同じ大きさになって（ちょっとそういう絵を想像してください）、絵の構成が成り立たず、セザンヌさんもやる気が起きなかったにちがいない。

いずれにしても果物界に秩序というものがあったのは確かだ。

セザンヌあたりまではその秩序が守られていたのも確かだ。

それがここにきてみんなの（果物たちの）気が緩んできたのだ。

実の程をわきまえないものたちが出てきたのだ。ここで器量の話をするのはよくないかもしれないが、梨は器量がよくないとは言わないが、よいとも言いにくい。

大体果物界は器量よしが多い。

リンゴもイチゴもサクランボも桃も器量よしで知られる。

リンゴなどはその赤さを称えられてリンゴのような頰っぺ、などと言われる。

詳しいことはわからないが、イチゴやサクランボや桃も、童謡とかそういうところでもてはやされているはずである。

しかるに梨はどうか。梨がどこかで童謡になってる、という話聞いたことないぞ。

〝梨のような頰っぺた〟と呼ばれて喜んでる人見たことないぞ。

追い打ちをかけるようで申しわけないが、愛嬌というものがないんだよね梨は。

果物にはそれぞれ何か一つ取得《とりえ》というものがあるものなのだが、更に追い打ちをかけるようで申しわけないが、特にないんだよね梨には。

器量ダメ。

頭はどうか。

頭というのは、頭がいい、とか、よくないとかいう頭のことで、頭がいい果物、とか、頭のよくない果物、とか言っても意味のないことだし、もともと総体的に頭はよくないんじゃないかな、果物は。
特に西瓜なんかただでかいだけで頭はよくないように思えるし。
器量ダメ。
頭ダメ。
体はどうか。
ここに目を付けたんですね、梨は。
日本人は大きい物と小さい物を目の前にすると大きいほうを選ぶ、という傾向がある。

そのことは〝舌切り雀〟の昔から今も変わらない。

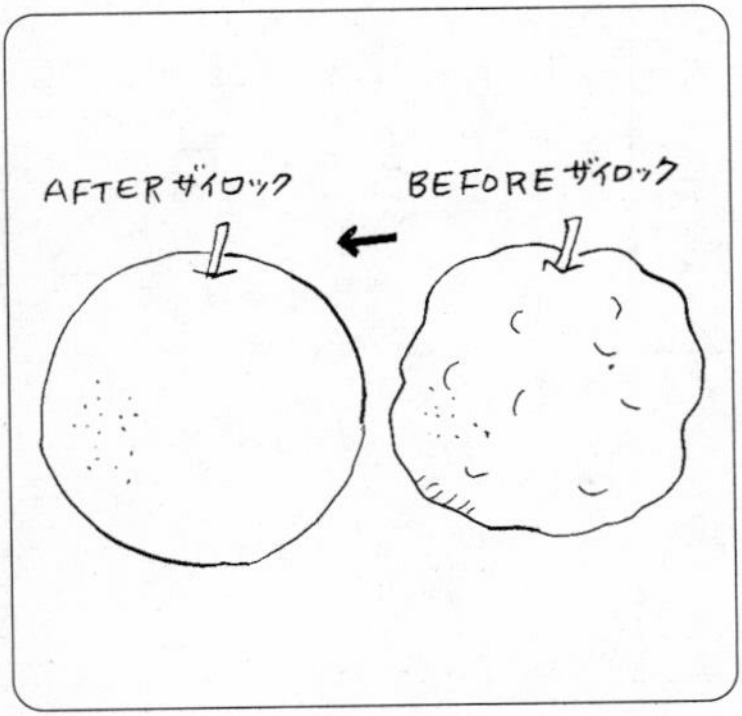
AFTERザイロック
BEFOREザイロック

ツヅラではなく柿で考えてみよう。

果物屋に行って、大きい柿と小さい柿が並んでいると、ごく自然に大きい柿のほうに視線が行く。

大きい柿のほうが値段が高い、と知っていても大きいほうに目が行く。

先程も書いたように、梨は器量がよくないことも、顔色がよくないことも、特に取得もないことも自分でよく知っている。

そういうわけなので気持ちも少し荒んでいる。

こうなったら、

「カラダで来い！」

ということになった。

「ナイスバディでいったろやないけ」

ということになった。

心が荒んでいるので言葉も自然と荒んでいる。

つい先日買ってきた梨は大きかった。測ってみたら直径が12センチあった。ふつうのリンゴが大体6センチぐらいだから倍近くある。持つとずっしり重い。重さは750グラム。

こうなるともはや昔の梨の面影はなく〝梨の形をした小玉西瓜〟となる。

ただ形がよくない。

まん丸ではなく肩のあたりがゴツゴツとイカっていてマッチョな梨になってしまっている。

これからは、形の優良化、美形化への道を歩む必要が出てくる。

果物系ライザップの会社を興すならいまのうちだぞ。

果物の巨大化は、いまや梨だけに限らないようだ。

よく見ると柿も昔より大きくなっている。

桃もブドウもかなり大きくなっている。

イチゴもいずれ巨大化の道を歩み始めるにちがいない。

これからはメロンも少しずつ巨大化していって西瓜に近くなっていくはずだ。

そうなってくると西瓜も黙っているわけにいかないから、どんどん大きくなっていって運動会の「玉ころがし競走」の玉ぐらいの大きさになる。

夏の盛りの果物屋の店頭は店先にその「玉」がずらりと並んで奥が見えなくなる。

これら運動会の玉ころがし競走の玉大の西瓜を運ぶのは誰か。

どうやって運ぶか。

宅配業界の新たな問題となってくる日は近い。

ギョーマイに至る病

長閑《のどか》とはこういうことをいうのではないだろうか。

先々週だったかの土曜日の朝日新聞に、

「ギョーザとシューマイ、好きなのは？」

という特集記事が載った。

新聞というものは世の中の森羅万象を記事にする。

緊迫する世界情勢、憲法改正問題、経済はどうなる、朝鮮半島有事、斬首作戦……そうした記事の中にポッカリ「ギョーザとシューマイ、好きなのは？」。

これだからして新聞は楽しい。

人間の頭もうまく出来ていて、斬首作戦からすぐに「ギョーザとシューマイ」に頭が切り換わる。

（自分としてはどうなんだろ？　どっちかって言われたらやっぱりギョーザだよナ、ビールに合うし）

と頭の中が急にのんびりして平和になる。

この特集記事は読者の投稿で構成されていてアンケート形式になっている。

ギョーザ派とシューマイ派、どっちが多いか。

ギョーザ派82％、シューマイ派18％。

だよな、「王将」などのギョーザ専門チェーン店はあるけど、シューマイ専門チェーン店て聞いたことないもんな、と思っていたら、記事の中にもまったく同じ意見があって、みんな同じことを考えるもんだな、と思った。

「ギョーザはビールに合う」という意見もあって、ますますみんな同じことを考えるんだな、と思った。

このほか、

「ギョーザは仲良く並んで焼かれて出てくるが、シューマイは各個が適度な距離を置いて出てくる……このあたりがシューマイは一人で食べるとおいしい理由かも」

という意見もあって、これはぼくには思いも寄らぬ卓見で、みんな同じことを考えるわけでもないんだな、と思った。

ここでギョーザとシューマイの違いを考えてみることにする。

ギョーザ〔小麦粉をこねて薄く伸ばした皮に細《こま》かく刻んだ肉と野菜を包んで焼く、または茹でる、または蒸す〕

シューマイ〔小麦粉をこねて薄く伸ばした皮に細かく刻んだ肉と野菜を包んで蒸す〕

ここで改めて驚かざるをえないのは、業務としてやってることはほとんど同じだということである。

ここで思いを馳せざるをえないのが銀行同士の合併である。

思い起こせば平成に入ってから、銀行合併が相次いだ。

三菱銀行が三菱東京UFJ銀行になったり、富士銀行がさくら銀行じゃなかったみずほ銀行になったりしてみんなの頭に大混乱をきたした。

もともと銀行は合併に向いていたのだ。なぜかというと、やってる業務がどの銀行もほとんど同じだったからである。

ギョーザとシューマイも、業務がほとんど同じであることが先刻わかった。

経営者なら、ここで誰もが合併を考えるはずだ。

ギョーザとシューマイの合併である。

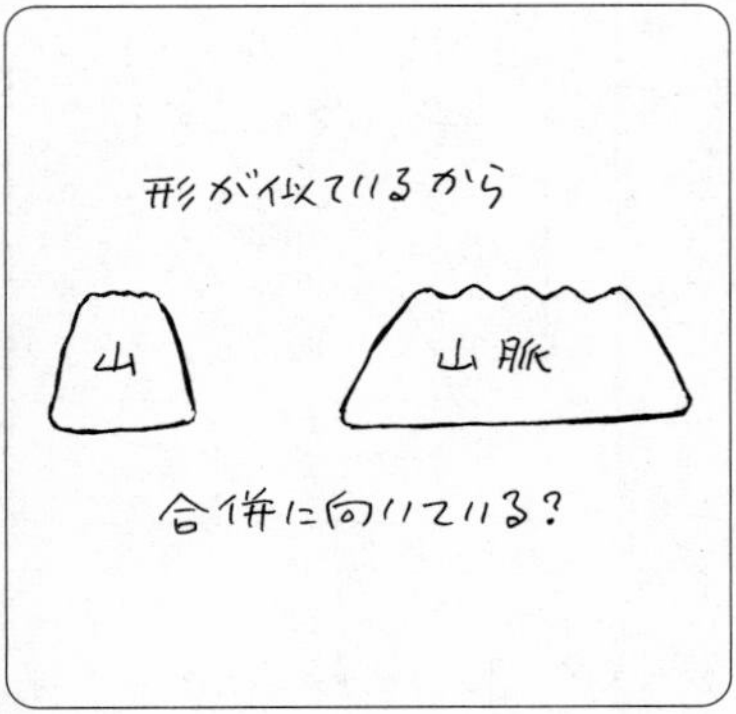

経営的にはすぐにでも合併できるが、問題は合併後の形である。

ギョーザとシューマイを合併させるとどういう形になるのか。

ウーム、とぼくは思わず唸りました。寝床の上でしっかりと腕を組みました。

こういうのを長閑というのです。

土曜日の朝、寝床の上で腕組みして、ギョーザとシューマイを合併させるとどういう形になるのか。

幸いなことに、ギョーザもシューマイも側面から見ると山の形をしている。

ギョーザは山脈、シューマイは単独の山容。

ね、ホラ、何となく浮かんできたでしょう、おぼろげながら山の形をした「ギョーマイ」のデザインが。

いずれにしても山のてっぺんには一粒のグリンピース。

しかしこれだと、シューマイのシンボルとしてのグリンピースをてっぺんにのせたことになり、全容がシューマイ似になってしまい、ギョーザ側の顔が立たない、ということになって取締役会で揉めることになる。

銀行のときもいろいろ揉めましたよね、面子《メンツ》とかで。

で、ギョーザの顔を立ててグリンピースを半分に切ってのせる。

あとの細かいところは広告代理店とデザイナーにまかせればいいのです。

いよいよ食べることになりました、そのギョーマイを。

何をつけて食べるか。

これも双方の面子を考えるとむずかしい問題になるが、意外なところに解決策があった。

ギョーザだと酢とラー油と醬油。

シューマイだと辛子と醬油。

酢とラー油と醬油と辛子、全部混ぜたのをつけて食べる。

本体が対等合併なら調味料も対等合併。

これで全てが円満に解決した。

大団円とはまさにこのことである。

何しろギョーザとシューマイが合併してギョーマイということになったのだから、朝日新聞もこれから先「ギョーザとシューマイ、好きなのは？」という特集記事を組む必要がなくなったのだ。

ただ、たぶん、このギョーマイ、味としてはおいしくはないと思うな。

そこでぼくは最良の策を思いついたのです。

ギョーザの皿とシューマイの皿を用意して交互に食べる。

これが一番おいしいかもしれない。

これが本当の大団円？

コタセンからカウポテへ

小腹がすく、という現象がある。

すると何とかしなくちゃ、と思う。

小腹であるから、そのへんにあるちょっとした食べ物、ということになる。

小腹と「そのへん」の関係は密接で「そのへん」の範囲は極めて狭い。

ほんのちょっと首を動かしただけで見える範囲。

そうするとあるんですね ポテトチップスの大袋がソファの上に。

すると小腹がすいている人はただちにソファのところに行き、ただちに座り込んでポテトチップスの袋に手を突っこんでポリポリやり出す。

袋は前回の座り込みのときにすでに開いている。

座り込むと、ちょうど左手のところにポテトチップスの袋があり、右手のところにテ

レビのリモコンがあるので左手はそのまま袋に、右手はテレビに向かってリモコンをプチン。

そうすると全身はごく自然にズルズルとずり下がっていって両足もそれにつれて大きく広がっていく。

お行儀という面から見れば決して良好であるとは言えない。

ここで大抵の人はある言葉を思い出すはずだ。

カウチポテト族。

日本でこのカウチポテト族なる言葉が流行りだしたのが1989年ごろで、以来、言葉自体は廃れたが実態はいまだ猛威をふるっているはず。

魅力があるんですねカウチポテト族は。

カウチポテト族とは、カウチ（ソファのたぐい）に、だらしなく寝そべり、ポテトチップスを食べつつ主としてテレビを見ながらダラダラと時間を過ごす人たちのことで、だらしなく、とか、ダラダラとか、世間の人たちは快く思っていない様子がこの解説から窺《うかが》うことができる。

当時ぼくは、この解説の中の「だらしなく」というところに興味を持った。そして憧れた。

だらしない格好とは具体的にどういうポーズなのか。

だらしなく、というのは、とりあえず怠惰でふしだらで、不健全で、不作法で不格好で不様《ぶざま》で下品で……というようなポーズということになる。

どうせカウチポテト族を実践するなら、究極のだらしないポーズで実践してみようではないか。

NHKの「ガッテン！」で、ときどき「腰痛によく効くポーズ」などというものが発表されるが、「だらしなさによく効くポーズ」というものを究明してみようじゃないか。

人様が見て、いかにも見苦しくて下品で不様でだらしないポーズ……。

で、いろいろ工夫してみたのですが、意外に無いものなのですね、そういうポーズは。

とりあえずポテトチップスの袋をかかえてソファに寝そべり、テレビのスイッチを入れ、とりあえずズリズリ下がってみる。

股を思いっきり広げてみる。

これ以上のことが思いつかない。

それにかえって疲れる。

そもそもカウチポテトというスタイルは、緊張を伴った日々の生活から自分を思いきり解放してあげましょう、というのが根本にあったはず。

だから頑張ったりしちゃいけないはず。

ごく自然にソファに座り、ごく自然な格好で、ごく自然にポテトチップスを口に運べばよかったのだ。

どうも日本人というものは、何かっていうとすぐ頑張る方向に持っていってしまうところがよくない。

ここで出発点に戻ることにしよう。

本稿は「小腹がすく」というところから始まった。

そしていつのまにかポテトチップスの話になっていった。

いつのまにか、ということは、ごく自然に話は小腹からポテトチップスに移っていったということになる。

つまり小腹にはポテトチップスが似合う、ということになる。

世の中には無数といってよいほど小腹向きの食べ物がある。

ビスケット、板チョコ、カール、ポップコーン、プリッツ、おっとっと、かっぱえびせん、ベビースターラーメン、数あるスナックの中からポテトチップスが小腹向きの王者として選ばれたことになる。

カウチかっぱえびせん族というものもありえたはずだった。

カウチおっとっと族も同様である。

無数の候補者の中から、ポテトチップスがほとんど無投票で選ばれたのである。

日本におけるポテトチップスの歴史は浅い。

ぼくの子供の時代にはポテトチップスは存在しなかった。

戦後、不意に登場してアッというまに〝日本の小腹の友〟になったのだ。

日本の昔の小腹の友は、センベイであった。

コタツでセンベイ、という風景が思い浮かぶ。

そうか、そうだったのだ、コタツがカウチだったのだ。

そしてセンベイがポテトチップス。

コタツでセンベイが、時代変わってカウチ（ソファ）でポテトチップス。

すなわちコタセンからカウポテへ。

コタツはいったん入るとなかなか出られなくなる怠け者の巣である。カウチもまた怠け者の巣である。石川五右衛門は「世に盗人の種は尽きまじ」と言ったが、時代は変われど「世に怠け者の巣は尽きまじ」。

メロンパンの触《さわ》りのとこ

「いいとこ取り」という言葉がある。

どちらかというと我儘《わがまま》系の言葉で、そういうことをする人は世間から嫌われがちなのだが、それでもいい、それでも実行してみたい、と誰もが思っている行為、それがいいとこ取りである。

食べ物に例えるととてもわかりやすくなる。

例えばスイカ。

スイカを一個を切っていって最終的に三角形にして皿の上にズラーッと並べる。

誰もが知っていることだが、三角形に切ったスイカは、てっぺんのとんがったところが一番甘くて一番おいしい。

できることなら、そのてっぺん（いいとこ）だけを食べたい、みんなそう思っている。

が、そんな非常識なことは許されない。

羊羹のはじっこの硬くてカリカリしたところが好き、という人は多い。

だからといって、一本の羊羹のはじっこのところだけ齧り取って食べてあとは箱に入れて知らん顔をしている、ということは世間が許さない。

肉マンの具の周辺部の、肉汁がちょっと浸み込んでしっとりした皮の部分はとてもおいしい。

もしかしたら肉マンの一番おいしい部分かもしれない。

だからといって、肉マンを10個買ってきて、その部分だけホジって食べる、というのは非常識である。

それに残った部分の後始末も大変だし……。

つまり、いいとこ取りは世間的に非常識として非難の的になる。

もちろん、いいとこ取りを商品化して売り出すなんてことはもってのほかである。

ところがですね、売り出されたんですね、いいとこ取りを商品化したビスケットが。

ここからメロンパンの話になります。

パン屋の店頭に並べられているパンは実にもう様々で、アンパンから始まって、サンドイッチ、カレーパン、コロッケパン、焼きそばパン、ホットドッグ、コロネ、クリームパン……まだまだいくらでも書けるが、これらのパンはいずれも内部に何かを抱え込んでいることになっている。

アンパンはアンコ、コロッケパンはコロッケを、というふうに。

これらのパンの中で、唯一、何も抱え込んでいないのがメロンパン。

裸一貫、カラダひとつ。

ここに書きつらねたほかのパンにはそれぞれの勝負どころがある。

アンパンはアンで、コロッケパンはコロッケで、ホットドッグはソーセージで……。

だがメロンパンにはそういう勝負どころ、触りの部分がない。

触りというのは、ちょっと古くて申しわけないが、芝居や浪曲や講談や義太夫などの、いわゆる〝聞かせどころ〟、すなわち、いいとこ取りのいいとこ。

何しろメロンパンは裸一貫、カラダひとつ。

と誰もが思っていたわけなのだが、実はあった、誰も気がつかなかったがいいとこ取りのいいとこがあった。

いまメロンパンを手に持っていままさに齧ろうとしているところです。

全体を眺めまわしても何かがのっかっているようには見えない。

齧ってみてすぐわかることは、てっぺんの部分に、ちょっとカリカリした部分がある。カサブタみたいな部分がある。

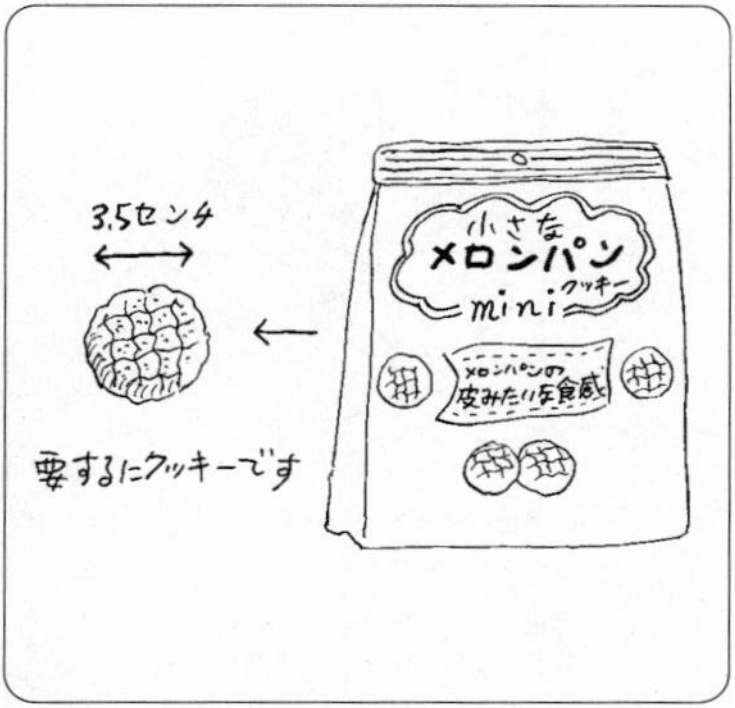
3.5センチ
小さな
メロンパン
mini
クッキー
メロンパンの
皮みたいな食感
要するにクッキーです

表面がカサブタ、その下は、しっとりした甘めのパン、という構成。

このカサブタは、パン生地の上にビスケット生地をのせて焼いたことによって出来たカサブタで、これがメロンパンの最大の魅力ということになっている。

最大の魅力、すなわちメロンパンの触り、すなわちメロンパンのいいとこ。

この部分を剝がして独立させて売り出したらど

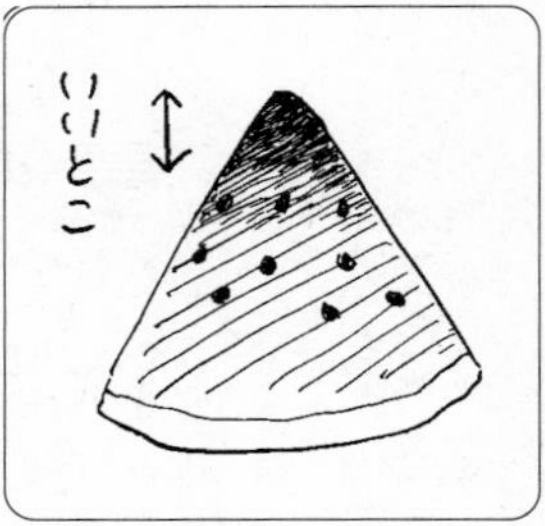

うか、

ということを考えついた会社があった。

カバヤ食品の「小さなメロンパンクッキー　ｍｉｎｉ」がそれ。

直径3・5センチほどのミニクッキーで、袋の封を切るととたんにメロンパンのあの甘い香りがあたりに漂う。

メロンパンの、あの領域のはっきりしないあのあたりを剝がすと、なるほどこういう形になるのかと納得させられる色と形。それにしても、よくもまあこういう製品を思いついたものだなあ、とつくづく思う。

剝がしちゃったんですよ、メロンパンの頭頂部を。

剝がされちゃったほうのメロンパンの残された部分は当然ハゲということになり、代議士の秘書は勤めづらくなるが、ハゲパンとしてやっていくという方向もあるし、と、つい心配してしまうのだが、いまのところそういう兆候はなく、メロンパンはちゃんとメロンパンとしてやっていってるようだ。

でもわかりませんよ、世知辛い当節、そのうち、メロンパンからビスケットの部分を剝がした「ハゲパン」というものがいつのまにか売り出されていたりして……。

ふと気がつくと、いいとこ取り商品ブームというものがきていて、スイカのてっぺんのところだけ切り取ってパックした「プレミアム・カットスイカ」というものが発売されていたりするかもしれない。

もちろん羊羹の「はじっこだけ掻き取り詰め合わせ」とか「肉マンの具の周辺ぐっしょり地帯缶詰」なども盆暮れの高級贈答品として売り出される日も近いかもしれない。

機械仕掛けのＴＫＧ

「そうだ京都、行こう。」

は、人気のＣＭだが、いきなり相手にこう言われるとまごつく。

「そうだ」に至るいきさつがまるでわからないからだ。

旅行先をあれこれ検討していてこうなったのか、コタツでミカンを剝いていて急に思いついたのか。

「そうだ卵かけごはん、食べよう」

だったらどうか。

こっちは大体わかる。

腹が減ってんだナ、ということがとりあえずわかる。

切羽詰まってんだナ、ということもわかる。

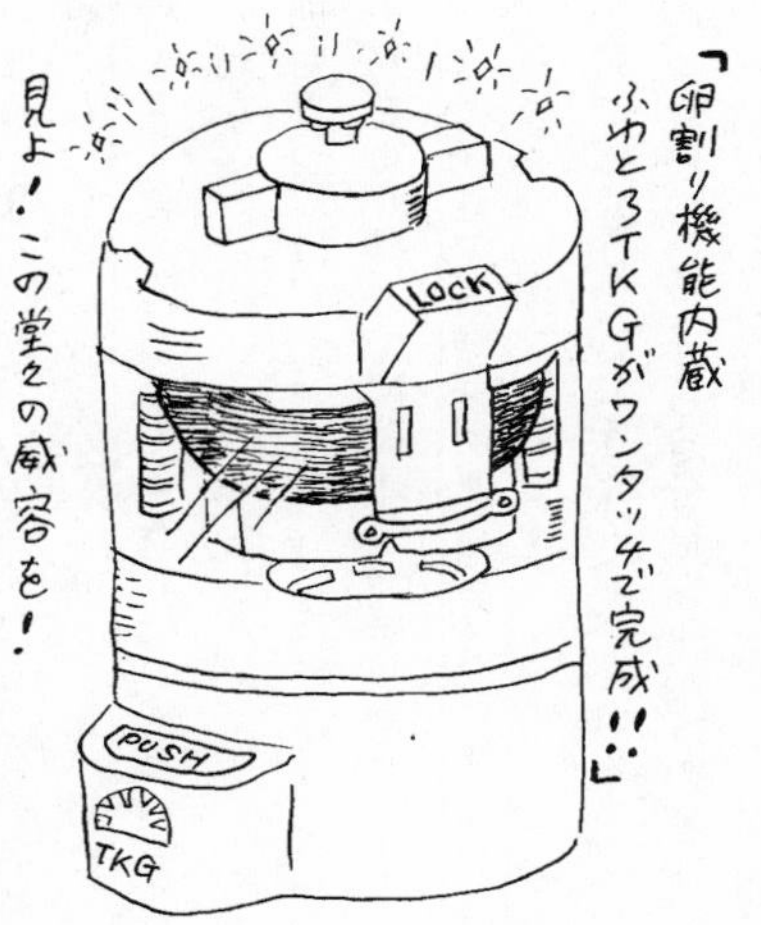
「卵割り機能内蔵
ふわとろＴＫＧがワンタッチで完成!!」
見よ！この堂々の威容を！
LOCK
PUSH
TKG

それで手早く作って食べられる卵かけごはんを思いついたのだ。

なにしろ切羽詰まっているから、

「タマゴカケゴハン」などと8字も使って言う時間も惜しく、「ＴＫＧ食べたい」と思ったにちがいなく、「テーケージー」などといちいち伸ばすのももどかしく、「テケジ食べたい」と思ったはずだ、ということまで推察できる。

多くの食事の中で、卵かけごはんほど手早くできる食事はない。

日本では、卵かけごはんとお

茶漬けが、手早くできる食事の双璧といわれていて、残念ながら卵かけごはんはお茶漬けより手間がかかる。

ナンバーツーではあるが、おいしさではお茶漬けを凌いでナンバーワンにのしあがる。何しろ簡単、卵をコツンと割る、醤油をかける、箸で掻き混ぜる、ごはんにかける。食べようと思ってから5分後にはもう食べ始めている。いや、もしかしたら5分後にはもう食べ終わっているかもしれない。いや、もう食べ終わって食器も洗い終わってシーハシーハしながら新聞を読んでいるかもしれない。

料理によっては、

「小麦粉をよく練って冷蔵庫で一晩寝かせ……」

などというものもあるから、これだと思いついてから自分も一晩寝なければならなくなる。

卵かけごはんがいかに手早く食べられるかがこれでよくわかる。

その「思いついてから5分後シーハ」の卵かけごはんを、「思いついてから約10分後にようやく食べられる卵かけごはん機」という機械を考え出して売り出した会社がある。

その機械は「究極のＴＫＧ」という物々しいネーミングで、売り出した会社はタカラトミーアーツという。主として玩具、ぬいぐるみなどの販売を行っている。

卵を割るところから始まって、黄身と白身の分離、白身の攪拌までをボタン一つで行う。

機械はかなり大きく、高さ13センチ、直径13センチ、実際に稼働させるときの部品が5個、稼働時間は最長3分。電源は単2電池が2個。

値段は一台3780円（税込み）。

実際の稼働時間は3分だが、5個の部品を組み立て、所定のところに卵を1個入れ、スイッチを押すまでに慣れないと3分はかかる。

攪拌に3分（最長）かかるわけだから少なくとも5分以上かかる。

手でやればコツンと割って器に入れて箸で掻きまわして30秒。

そんな大仕掛けで、しかも3780円もするものを誰が買うのか、というと、ぼくが買いました。

通販で買って到着するまで、待ち遠しくて待ち遠しくて、到着するやいなやすぐに荷をほどいて取り出し、説明書を読むのに手間取って5分かかってようやく設営。

一方、レンジでチン2分のごはんを設定。

「究極のＴＫＧ」で卵かけごはん用の卵を実際に作る手順はこうなります。

機械の中の卵用に凹んでいる個所に卵を1個置きます。

次に機械の最上部の手押しの把手《とって》を軽く押すと卵の殻が二つに割れて中身がドロリとその下の皿に落ち、皿に仕掛けがしてあって落ちると同時に黄身と白身に分かれる。

白身の部分だけが一番下の受け皿に落ち、ここで攪拌スイッチを押す。

そうすると白身だけの攪拌が始まって少しずつ泡立っていく。

黄身はその上部に残ったまま。

攪拌の時間は1分から3分まで3段階あって、最長の3分のときには白身はまっ白に泡立ってメレンゲ状になる。

つまり「卵の白身をメレンゲとなす」というのがこの機械の最大の目的なのです。

卵かけごはんの卵はどんなに掻きまわしてもドロリとしたままだが、この機械にかかるとまっ白、フワフワ、液体カステラ。

ここでその液体カステラを器にあけて黄身と混ぜ合わせるのだが、どういう仕組みかわからないが、黄身もドロリ状態から変身して白身と同様の液体カステラ状態になる。

ここで醤油。

ちょっと想像してください。

カステラから甘味を抜いて液体カステラにしてそこへ醤油を混ぜこむ。

その〝液体カステラ醤油味〟を熱いごはんにかけて食べる。

ン、モー、なんて言ったらいーか、ごはんにまとわりついているものはドロリじゃないんですよ、泡なんですよ、醤油と卵の味のついた泡なんですよ、ン、モー、泡まみれのごはん、醤油と卵の白身と黄身の味がついている泡の一粒一粒が、ごはんの一粒一粒にびっしりまとわりついていて、その一粒一粒が集団になっているひとかたまりのごはんを口に入れたときのおいしさときたら、ン、モー。

ただ残念なのは機械１台で卵１個ということ。

家族５人だと、茶碗抱えた人の行列ができる。

シメでシメる宴会

いよいよ宴会のシーズン。

宴会も終わりに近づくと〝シメ問題〟が発生する。

シメを何にするか。何を食べてシメとするか。

幹事がその提案をすると、それまで何の考えもなく、酔ってガヤガヤ騒いでいた連中が急に静かになる。

幹事が一人一人の注文を訊く。

宴会の初めから〝シメ問題〟を考えている人はいない。

そう言われて急に気づき、急にあわて、急に決断を迫られる。

店側も当然のことながら〝シメメニュー〟をいくつか用意している。

「焼きおにぎりなんかどうスか。味噌つけて焼いたやつ」

最初からシマってるので
シメようがありません
立ち食いそばの場合
七味

「焼きおにぎり」のところで迷っていた人も「味噌つけて焼いたやつ」のところで激しく感動して激しく決断する。

「オー！　いいね」

何人かの声が上がる。

そうなんだよ、飲んだあとのシメはおにぎりなんだよ。それも味噌つけて焼いたやつなんだよ。

酔っているから大げさになり、激しくテーブルをたたくのもいる。

「ラーメンもありますけど。小ぶりなやつ」

焼きおにぎりに感動して激しくテーブルをたたいたおとーさ

んはここでハッとする。

ラーメン、わるくないな。飲んだあとのラーメン、こたえられないんだよな。

「あとはお茶漬け、雑炊、うどん、そば……」

飲んだあとのお茶漬けはわかるが雑炊はないだろ。要するにおかゆだろ、病人食だろ。

「雑炊は牡蠣雑炊ですが」

牡蠣雑炊!! おとーさんは再び激しく感動する。飲んだあとの牡蠣雑炊!! 世の中にこれ以上の組み合わせがあるだろうか。

ここで気がつくのは、シメのメニューはほとんどと言っていいほど炭水化物だということ。

おにぎり、ラーメン、雑炊、お茶漬け、うどん、そば……。

そして、おにぎりを除いてすべてツユを伴っていること。

焼きそばも炭水化物だがツユを伴わないのでダメ。

パスタもダメ、チャンポンは少しだけツユを伴っているが、よーく考えてみると少しじゃダメ。

パンも炭水化物だが当然ダメ、ましてフランスパンはとんでもなくダメ。

つまり、それを食べると、それまで食べてきたものがちゃんとシマるものとシマらないものがあるのだ。鮭茶漬けだったら、食べ終わったあと、あー、これでシマったなー、

と思うが、フランスパンだと全然シマらない。

ちゃんとしたシメだと全体がちゃんとシマるが、ちゃんとしてないシメだと全然シマらないというところが、ちゃんとしたシメのエライところだということになる。

宴会でさんざん飲み食いしたあとなのに、なぜ人々はシメを求めるのか。

最後にシメを食べて全体をシメようとするのか。

ふだんの食事ではシメは求めません。

立ち食いそばなんかシメようにもシメようがないです。

いきなり、です。

立ってるところにいきなりきつねそばが来て、それをいきなり食べていきなり食べ終わる。

シメようがないので、ヨージでシーハしてシメ代わりにしている人は多い。

「いきなり！ステーキ」の店も、いきなりステーキが来ていきなりそれを食べ終わっていきなり店の外に出て呆然としている人が多い。

そういうのと比べると、やっぱり宴会におけるシメの存在は貴重だと思う。

みんなで、おにぎりだ、ラーメンだ、お茶漬けだ、と、ひとしきり騒いで、全体をしっかりと、しかもゆっくりとシメてから食事を終えることができる。

つい話が逸れてしまったが、宴席のシメにはなぜ炭水化物が多いのか。

なぜツユを欲しがるのか。

これ、諸説あるのだが、ぼくが一番気に入っている説は次のようになります。

なぜ一番気に入っているかというと自分で考えた説だからです。

宴会が行われている店の壁にはズラリと100に近いメニューが張りめぐらされている場合も多いが、あのほとんどが実は「おかず」なんですね。

酒の「つまみ」ということになっているがゴハンのおかずでもある。客は始めから終わりまで、ずうっとそのおかずばーっかり食べている。

その客たちのふだんの食事を考えてみましょう。

おかずばーっかり食べて「ハイ、ごちそうさま」ということはありえません。

途中、必ずゴハンを口にする。

あいまあいまにゴハンを食べる。

それなのに居酒屋での宴席で食べるのはおかずだけ。

おかずを食べてまたおかず。

そしてまたおかずで、その次もおかず。このようなときに、ゴハンが恋しくならない人はいません。

いつかゴハンを、いずれゴハンを、と願っている人に、シメとしての焼きおにぎりはどうかね、しかも味噌付きだよ、と仄めかされて興奮しない人はいません。

酒を飲むとアルコールの作用でノドが渇く、と言われています。

さんざん酒を飲んでノドからからのときに、

「炭水化物としてのうどん、しかもツユたっぷりだよ」

と言われて興奮しない人なんているでしょうか。

シオかタレかでしおたれる人々

「焼き鳥はタレかシオか」

酒席などで誰かがこのテーマを取り上げると必ず盛り上がると言われている。

それゆえ、酒席が沈んだとき、ときどき思い出したようにこのテーマが取り上げられる。

新聞の世界で言うところのひまネタ。そしてまたこのテーマの興味深いところは、何回取り上げても新鮮、毎回語り尽くして深遠、というところにある。

こんな単純で馬鹿ばかしいテーマ、一晩、一回、一時間、みんなで語り合えばとっくの昔に結論が出ているはずなのに、十日もするとこのテーマに再び引きずり込まれ、気がつくとワイワイ、ガヤガヤ、いつのまにかみんな熱中して興奮している。

そういうわけなので今回はテーマをちょっとはずして、

「焼き鳥はタレかシオかソースか」

にしてみます。

「エ？　焼き鳥にソース⁉　ありえねー」

ということになり、即時却下ということになるはず。

そこでこういうことを提唱してみます。

「とりあえず一本の焼き鳥を頭に思い描いてください。鳥肉、ネギ、鳥肉、ネギ、と鳥肉とネギが交互に刺さっている焼き鳥です。これだとタレかシオかの問題になります。しかしこれに卵とパン粉のコロモをつけて揚げるとどうなります？」

「それは串かつだからソースに決まってまんがな」

と、なぜか切羽詰まってなぜか急に関西弁になる人もいる。

「そのコロモを全部はがして丸裸の状態に戻すと?」

「そりゃ、もう、シオかタレかになるだにィ」

と生まれ故郷が東北でもないのにあわてたために東北弁になってしまう人もいる。

「そこです!」

と、わたくしはそこで一段と声を張り上げる。

「そのときのソースは、とんかつソースですか、中濃ソースですか、ウスターソースですか?」

ここでみんな、うーん、と急に押し黙る。語り尽くされたはずのタレシオ問題が、新たにリニューアルされて登場した世紀の瞬間です。

旧態依然を一歩も出なかった「焼き鳥タレシオ問題」に、新たにソース問題を加えることによって、新展開の道を切り開いた世紀の一瞬でもあります。日本全国民が、何の考えもなく「ソース」「ソース」と言っているソースには、実は厳然とした区別、すなわち「とんかつソース」「中濃ソース」「ウスターソース」の三つがあるのです。

「そのあたりのコマカイことはよかとじゃなかとですか」

と、今度は本物の九州人がウンザリの表情もあらわです。

よかとじゃなかとです。このあたりの区分けには、何とお上《かみ》が関与しとるとですけん。日本農林規格（JAS）、つまりお上は、三つのソースの違いを濃度によって次のように厳格に規定している。

濃厚ソース（とんかつソース）2・0Pa・s以上、中濃ソース0・2Pa・s以上2・0Pa・s未満、ウスターソース0・2Pa・s未満。

Pa・sというのは粘度の単位です。粘度に単位があったのです。Pa・sはパスカル秒とか読むらしく、「液体の流動に対する抵抗の大きさを表す単位」。

何とも物々しく、「そのあたりのコマカイことはよかとじゃなかとですか」どころじゃなかとです。

ここでみんなに論議してもらわなければならないのは、濃厚（とんかつ）ソース、中濃ソース、ウスターソースという三つの名称です。お上は「とんかつ」の名称を嫌っているらしく「濃厚」としているが、「とんかつソース」が一般的。

どのスーパーのソースの棚にも「とんかつソース」「中濃ソース」「ウスターソース」のレッテル

食堂では両者容器は
同じだが醤油のほうが
エラソー
ソース
醤油

が貼られたものが、三大ソースとして並んでいる。

問題はこの「とんかつソース」。

「とんかつソース」の名称は、

「このソースはとんかつ用のソースですよ」

ということを言い表している。

パーティドレスがパーティ用のドレスです、ということを言い表しているように。胸が広く開いていてヒラヒラがいっぱいついているパーティドレスでスーパーに行く人はいない。

この論理でいくと、とんかつソースでコロッケを食べる、というのはどういうことになるのか。

みっともないことなのか。

誤用ということになるのか。

アジのフライの場合は悪用になるのか。

エビフライにもとんかつソースをかけて食べることがあるが、その場合は乱用になるのか。

このあたりのことをコマカク突っこまれるのを嫌ってお上は「とんかつ」ではなく

「濃厚」にしたのか。気がついてみれば「濃厚」「中濃」「ウスター」の区別は、その論理の規定にあまりにも一貫性がない。

濃い、とか、あんまり濃くない、とかで区別しておいて突然ウスターというイギリスの地方名が出てくる。濃口醤油とか薄口という言葉があるのだから「ウスター」より「薄口ソース」と言うべきではなかったか。

さあ、次回の「焼き鳥はタレかシオか」の論議は、新たにソース問題に発展する道が今回拓かれたことによって、更にハゲシク、更に深遠になっていって、時間も果てしなくなることになったが、その責任はおいどんは取らんとですたい。

ランチ新党ここに成立！

毎日のランチ、あなたはどんなふうにして決めていますか。

吉野家一筋何十年、という人もいるだろうし、毎日毎日出勤の途次、つまり朝からコンビニに寄って決めなくてはならない人もいる。

ぼくには、こういうランチがあったらいいな、という理想のランチが頭の中にあるのだが、これは実現がむずかしい。

相当むずかしい。

ぼくの理想のランチはこういうものです。

とりあえず軽量。

ということは、カツ丼とか、唐揚げ定食大盛りとかいうのはありえない。

だけどゴハン物。

ゴハン物で軽量、これが基本。という基本路線で考えていって到達したのが「海苔巻きの細巻き一種類一個だけ6個セット」というやつ。

　具体的にいうと、干ぴょう巻き1個、カッパ巻き1個、納豆巻き1個、鉄火巻き1個、梅シソ巻き1個、タクアン巻き1個、この6個が横一列にズラーッと並んでいる統一感横溢セット。

　この横並びセットを端から一個ずつ、何の考えもなく食べていく。

　カッパ巻きからいこうか、とか、そういうことを一切考えないで端から順番に、ヒョイとつまんでお口にポイ。

「何も考えずに端からポイ」というのがいかにもランチ向き。

あの、ホラ、サンマ焼き定食だと、サンマをホジったり、大根おろしに醤油をかけたり、そのとき、これじゃかけ足りないからもうちょっとかけようかナ、と思ったり、いや、やめとこうかナ、と思ったり、ここで味噌汁を一口いこうかナ、と思ったり、そうだ、ここでタクアンをひとかじりだナ、と思ったり、けっこうめまぐるしいでしょ、頭の中ごたごたするでしょ、その点わが「細巻きだけ6個セット」は、端からヒョイとつまんでお口にポイ。

ランチのあと、またややこしい仕事がいっぱいあって、頭の中がまたややこしいことになるわけだから、ランチに頭を使ったりしないほうがいい。

突然ではありますが、ここでひとつお願いがあります。

わが「6個セット」は細巻きという括《くく》りがあるわけですが、一つだけ括りに反するものを加えさせてください。

それは稲荷ずしです。

こいつは気のいい奴だし、悪気もないし、細巻きの連中とも気が合ってるし、ホラ、京樽なんかの持ち帰りずしの中にいつもいっしょに入っていて仲良さそうにしてるじゃないですか。

それに納豆巻きの納豆とは大豆同士という姻戚関係だか親戚関係だかがあるらしく、そっちの筋《すじ》の人からも、かねがね宜しくと頼まれてもいるし、ここはひとつ、曲げて稲荷の細巻き6個グループへの加入を認めてやってください。

そういうわけで、ぼくの理想のランチは、目出度《めでた》く6個入りから7個入りということになりました。

これはあとから聞いた内緒の話ですが、あのお持ち帰りセットの中では茶巾ずしが一番威張っていて、稲荷ずしはまるきり下っ端扱いで、ずいぶん辛い思いをしていたそうですよ。

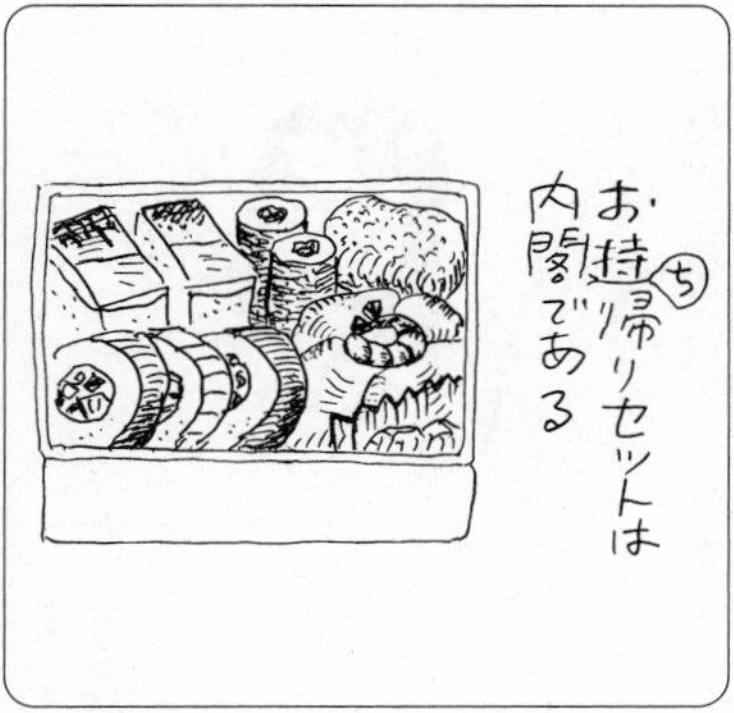

ここで急な話ですが、小坂明子という歌手を思い出していただくことになります。

小坂明子という歌手、知ってますよね。

「あなた」という歌がヒットした人。

〽もしもー、わたしがァ、家を建てたならー

小さな家を建ーてーたでしょう

という歌。

やっと思い出しましたね。

わが理想のランチ「細巻き6個」に稲荷ずしが

新加入して「7個」に増員した記念に歌をつくったので、ひとつ聴いてやってください。

〽もしもー、わたしがー、ランチを食べるならー
細巻きセットをー、食ーべーるでしょう
大きな茶巾はー、なくてー
小さなカッパ巻きとー
小さな納豆巻きとー
そして箱の隅にはー
緑の笹の葉があるのよー
笹のー横にはー、稲荷がー
稲荷がー、稲荷がーいてほしいー
(イナリのところで声を張り上げてください)
それがー、わたしのー夢だったのよー
いとしーいー稲荷がー、いまーここにー

ここで例の京樽などのお持ち帰りずしチェーンの内容を振り返ってみましょう。はからずも稲荷ずしが本音を告白したように、あのセットの中では茶巾ずしが一番大きな顔をしている。

一目であの箱の中には歴然としたヒエラルキーが存在していることがわかる。

茶巾ずしを首班とした内閣と見ることもできる。

そうなってくると、厚めの卵焼きで巻いた太巻きあたりが麻生氏ということになり、席次としては同じ太さでいろんな具を巻いた海苔巻きは誰なのか、ということにもなっていく。

鱒《ます》を張りつけた箱ずしもあり、同じ形、同じ大きさでアナゴを張りつけたものもあって、これは誰なのか、ということも問題になってくる。

このような考えで見ていくと、今回わたくしの取った行動は、一種の新党旗揚げと見ることもできる。

政界はこれを機に各党入り乱れることになり、ランチ界もまた各ランチ入り乱れ、各派乱立、乱世到来ということになるかもしれない。

※歌詞「あなた」作詞作曲・小坂明子

猫の舌は猫舌

猫は猫舌である。

日本人なら誰でも知っている事実である。

猫舌とは書くが猫の舌という意味ではない。

猫舌を新明解国語辞典で引くと〔舌が熱に感じやすく、熱い食べ物をさましてからでないと飲み食い出来ないこと（人）〕とある。

猫の字が一字も出てこない。

猫舌と称して猫の名前を拝借しておきながら、当の猫に何の挨拶もないのだ。

当人をわざわざ呼び出しておいて知らん顔をしていることになるがそれでいいのか。

それはさておき、猫が猫舌であることは当然だが、では犬はどうか。

当然のことながら、犬も猫舌である。

日本人はなぜ火傷しそうなほど熱いものに挑戦するのか
冷めたらおしまい
フーッ
フーッ
フーッ
フーッ
どうせいまは飲めないのだからもう少し冷めてから飲めばいいのに

動物は自分で煮炊きが出来ないから犬の舌も猫舌であり、馬の舌も猫舌、キリンの舌も猫舌、牛の舌は牛舌《ぎゅうたん》といってとてもおいしいがやはり猫舌である。

ついでながら豚舌《とんたん》もなかなかおいしい。

動物の舌という舌はすべて猫舌である。

それなのになぜ猫が全員の責任をかぶって猫舌ということになったのか。

犬と猫はペットとしてはほとんど同格である。

犬だって「舌が熱に感じやすく、熱い食べ物をさましてからでないと飲み食い出来ない」わけだから、猫舌のことを犬舌と言ってもよかったはずだ。

なぜ猫が猫舌の代表として選ばれたのか。

これには二つの説がある。

犬は今では家の中で飼う人も多くなったが、かつては犬は犬小屋で生活していた。

犬小屋は庭の片隅に置かれていた。

「スープの冷めない距離の別居」ということがかつて論議されたが、犬小屋はまさにこれで、近いことは近いがなにしろ別棟である。

別棟にスープを運んでいくうちに多少は冷める。

そこへいくと猫は別棟どころか家族が食事をしているテーブルのすぐそばにいつもいる。

スープの冷めようがない。

従って、犬よりもっと熱いスープに接する機会が多く、被害も大きいから……という説。

もう一つの説はサザエさんのアニメが関係している。

テレビのサザエさんのテーマソングは、

〽お魚くわえたドラ猫追っかけて
素足《はだし》でかけてく陽気なサザエさん

というもので（そういえばドラ猫という言葉、最近聞かないナ）、この情景はいかにもユーモラスで愛嬌があるが、これがもし犬だったらどうなるか。

お魚くわえたドラ犬追っかけて
素足でかけてく陽気なサザエさん

ということになって、お魚くわえて走って逃げてくドラ犬には生活苦は感じるがユーモアは感じられず、むしろ気の毒で暗い気持ちになるので猫にした……という説。

あまり知られてないことだが
ワニはワニ舌（冷たいものがダメ）
なのである

日本人の20％は猫舌である、という説があるが、猫舌の反対の人、すなわち熱い物好きの人のほうが圧倒的に多いのではないだろうか。

ラーメンを食べに行って、ラーメンが目の前に出てきて、丼のフチに恐る恐る唇を近づけていって一口すすったらこれがぬるかった、というときの怒り、嘆きの激しさは日本人ならではのものがある。

寿司屋のお茶もそう。

寿司屋独得の、あの大きくて重い湯呑み、こっちは手で持てないほど熱くなければならない。

手で持ったら熱過ぎて持っていられず、一度カウンターに置きはしたものの、このぐらい熱いのを飲みたい、こうしてはいられない、こうしているうちにも冷めちゃう、とあせるあの気持ち。あれも日本人独得の心情だと思う。

そうして強引に口に持っていくと、手で持てない熱さに唇と舌がちゃんと耐えて飲めてしまう不思議。

鍋焼きうどんもそう。

熱が冷めにくい土鍋というものを発明し、これが煮えたぎってフタがカタカタいってるのをお盆にのせて持って来られると思わず座りなおし、

冷めようがない状態なのに「冷めないうちに」と思って中腰になり、仲居のおばさんは、

「お熱いうちにどうぞ」

と必ず言い、この状態ではまだ当分口に入れるのは不可能なのに、

「一刻も早く」

と箸をかまえて息をはずませる。

日本人、おかしいぞ。

〝熱くあるべき物〟に対する概念が、他の国の人々のはるか上を行ってるのではないか。

そして〝熱くあるべき物〟に立ち向かう熱意、勇気、これも相当なものがある。

手で持っていられないほど熱い物を口に入れようとするのは正気の沙汰ではないのに強引に正気の沙汰にしおおせている。

熱い物を食べられない人々には猫舌という正式な呼称があるが、熱い物が好きな人にはそれがなく、ただ「熱いのが好きな人」で済ませている。

熱い食べ物が好きな動物がいれば、一発でそれに決まるのだが、世界中を見渡してもそういう動物はいない。

ぼくの考えではワニなんか案外熱い物が好きなんじゃないかな。

何となく辛い物が好きそうな顔付きだし、辛い物が好きな人は熱い物が好きという傾向があるし、あんまり熱過ぎたら口のすぐそばに水があるわけだからそれで冷ましてから食べればいいわけだし。

一度ワニに聞いてみる必要があるな。ないか。

※歌詞「サザエさん」作詞・林　春生／作曲・筒美京平

解説　はるか後ろから追いかけて

丸岡九蔵《まるおかくぞう》

本書『サクランボの丸かじり』は文章によるエッセイです。ですが、著者の東海林さだお先生は漫画家です。

そんなわかりきったことを何故わざわざ書いてるの？　と思う方もいるかもしれませんが、少々おつきあいください。東海林さだお先生は早稲田大学の学生サークル「漫画研究会」の出身です。そして、今回解説を務めさせていただく私、丸岡九蔵も早大漫研出身。つまり、サークルの先輩後輩という間柄なのであります。

早稲田大学漫画研究会は１９５５年の設立。昭和から平成そして令和の現在まで存続していますので、70年近い歴史があります。輩出した人材は、漫画家だけに限っても、東海林さだお、園山俊二、福地泡介、弘兼憲史、国友やすゆき、井浦秀夫、ラズウェル細木、やくみつる、カトリーヌあやこ、さそうあきら、安倍夜郎、けらえいこ、現代洋子、日高トモキチ、モリナガ・ヨウ（敬称略）……書き切れません。

東海林先生が早大漫研に入部したのは設立間もない１９５８年。私、丸岡が入部したのは２００１年。その間43年もの時が離れています。

これほど年齢が離れていますので、直接お話ししたことは、実は……ありません。何しろ私が生まれた頃にはすでに東海林さだお作品（漫画／エッセイ／対談などなど）は新聞、週刊誌、月刊誌、親の本棚――あらゆる場所に存在していましたので、物心ついた時には自然に刷り込まれていました。中でもやはり丸かじりシリーズがおもしろく、折り詰め寿司に入っているバランをホーフツとさせる鮮やかな緑色をした文春文庫の背表紙が、強く印象に残っています。

子どもの頃から漫画家になりたかった私は、右に挙げたようにプロ漫画家を多く生み出した早大漫研に憧れを抱き、ゼヒ入部したい一心で受験しました。

東海林先生が大学生時代を回想して書いた本に『ショージ君の青春記』（１９７６年・文藝春秋刊）があります。今回読み返してみると驚いたことに、私自身の早大漫研での体験と全く同じことが書いてある！

正確にはもちろん漫研設立初期に居た東海林先生の方が先で、その際の取り組みが今日までサークル内に受け継がれているということです。「大学の学園祭で来場者の似顔絵を描き、活動費を稼ぐ」「新入生歓迎コンパはそば屋の二階で大々的に」などは私の学生時代、2000年代前半も全く同じでした（ちなみにこのそば屋、現在も営業中！）。漫研のツテで似顔絵やイラストの仕事をもらっていたので普通のアルバイトは体験せず。そんなに稼ぎが多いわけでもないのに、サークル仲間とほぼ毎日酒を飲んで遊んでました。あの飲み代はどこから湧いてきてどこへ消えたのかしら……？「なんとかなるさ」と根拠なく楽観的に過ごしつつも心の底では将来への不安を覚え、ひとりの時はクヨクヨ過ごす……ここも同じ。ショージ青年が自分と同級生であるかのようで、ご大先輩を少し身近に感じられました。

とはいえショージ青年がプロ漫画家になろうと奮闘していたのは1959年。現在より遥かに漫画の市場が小さい時代でした。ようやく漫画週刊誌が出始めた頃。『青春記』に描かれている、編集者に何度断られても売り込みを続けるショージ青年の姿は涙なしには読めません。

そしてその後、多くの読者をトリコにしてきた東海林先生の観察眼・発想力・描写力は本書でも相変わらず炸裂！　たとえば、「ポテトチップ解放運動」の中の一節。ポテトチップと高級ビスケットを比べ、高級ビスケットは、それぞれの形に合った枠が組まれていて、その中に重ねられているので揺れ動かないから毀《こわ》れない。

ポテトチップは雑居房であるから揺れ放題、毀れ放題。

ここで「雑居房」という言葉を用いる鋭さ！　今二十代の若手お笑い芸人が読んでも嫉妬するであろうワードセンス！　しびれます。

「ワンタン麵の魂胆」のワンタンについての描写もすごい！

ワンタンの中央本部は極めて小規模である。

大豆粒ほどに中央がふくらんでいて、その部分以外はすべてべろべろ部として展開している。

べろべろ部って！

「スナック菓子をボリボリ」の絵。お菓子の「カールはモフモフ系といわれている」。さらりと書かれてますけどこれにも感服。ワンタンもカールも何度食べたかわかりませんが、こんなに鮮やかに表現できませんって。

「ビールは泡あってこそ」に付いてる絵もイイ！　銅製や錫製のジョッキは中が見えな

いのでビールの泡が確認できなくていかん、と書いている部分に添えられた絵。錫製のジョッキが「すぐ冷えしかもぬるくなりません！」と誇らしげに主張しているその横に著者の反撃「それがどうしたッ」。泡も見えないくせに何言ってやがる、と鋭いツッコミ。この最後の小さい「ッ」が勢いがあってリズミカルで最高です。

「わたしサクランボのファンです」に至っては鳥肌もの。

果物というものは、もともと皿の上で動いたりしないものなのだが、サクランボに限ってふとピクリと動いたりすることがあったとしても、

「ありうるな」

と思わせるところがある。

「サクランボは動くかも」なんてシュールな意見だけど、こう書かれてみるとそんな気がしてくる……。発想力に脱帽であります。例を挙げていくと切りがないですね。

文章はもちろんおもしろい。絵も最高。両者が合わさるこの丸かじりシリーズは向かうところ敵なしだなぁ～……なんて、改めて実感しました。なんとも浅い感想！

本書の読者である皆さんはようくご存知だと思いますが、食事や酒に関する表現は、

現在、本・漫画・雑誌・ドラマや映画などあらゆる媒体にあふれ返っています。

特に食にまつわる漫画はとても増えていて、コンビニへ行けば「グルメ漫画専門雑誌」が何冊も並んでいます。私自身もそれらの雑誌に食・酒漫画を描いて暮らしているわけですが、そもそもこのジャンルの元祖が東海林さだお作品なのではないでしょうか！

東海林先生が何十年も描いて書いてきた結果が、現在のグルメ表現百花繚乱ブームである、とここに断言させていただきたいと思います。

質量ともにとても及びませんが、私もいち読者として作品を楽しみつつ、東海林先生が切り開いている道をはるか後ろから追いかけてゆく所存です。

（漫画家）

〈初出誌〉「週刊朝日」二〇一七年四月七日号〜十二月二十九日号
（「あれも食いたいこれも食いたい」）。
本文中の価格、名称などは掲載時のものです。
〈単行本〉二〇一九年十一月　朝日新聞出版刊
〈DTP制作〉エヴリ・シンク

文春文庫

サクランボの丸《まる》かじり

定価はカバーに表示してあります

2022年4月10日　第1刷

著　者　東海林《しようじ》さだお

発行者　花田朋子
発行所　株式会社 文藝春秋

東京都千代田区紀尾井町 3-23　〒102-8008
TEL　03・3265・1211㈹
文藝春秋ホームページ　http://www.bunshun.co.jp

落丁、乱丁本は、お手数ですが小社製作部宛お送り下さい。送料小社負担でお取替致します。

印刷製本・凸版印刷

Printed in Japan
ISBN978-4-16-791865-1

文春文庫　東海林さだおの本

（　）内は解説者。品切の節はご容赦下さい。

目玉焼きの丸かじり
東海林さだお

パセリの哀れな境遇を嘆き、枝豆の正式な食べ方についてマジメに考察し、つぶアンこしアンどちらを好むかで人物像に迫る。大人気食エッセイシリーズ第37弾！　（姜　尚美）

し-6-90

メンチカツの丸かじり
東海林さだお

団結を深めた肉のミッシリ感。あのサイズには意地と面子《めんつ》がかかっていた！　メンチカツの報われなさ、稲荷ずしの異変を嘆き、角砂糖への恋心を募らせる、シリーズ第38弾。（小宮山雄飛）

し-6-91

シウマイの丸かじり
東海林さだお

牛肉弁当目当てに駅弁大会に突入、買えたのはシウマイ弁当一個…内臓をどう説得するのか!?　海鮮丼の悲劇、複雑な鱈一家、スマホ時代のポテチを憂う、シリーズ第39弾。（たかぎなおこ）

し-6-92

焼き鳥の丸かじり
東海林さだお

化粧事情、歯茎が丸見え…「串外しNG」に思う、女性にとっての焼き鳥の串の存在。タンメンはブレず、スーパーレジ行列百景、脂身食いたい、など好評シリーズ第40弾。　（荻原　浩）

し-6-94

猫大好き
東海林さだお

なんとも羨ましい猫の生き方研究から内臓と自分の不思議な関係まで。ショージ君が深〜く考える、大好評エッセイシリーズ。南伸坊、パラダイス山元、近藤誠との対談も収録。　（壇　蜜）

し-6-89

ガン入院オロオロ日記
東海林さだお

「ガンですね」医師に突然告げられガーンとなったショージ君。病院食・ヨレヨレパジャマ・点滴のガラガラ。四十日の入院生活が始まった！　他、ミリメシ、肉フェスなど。　（池内　紀）

し-6-93

オッパイ入門
東海林さだお

パイパイであり乳児の食の源泉でありわけもなく揉んだりするものであり……オッパイに謙虚であらねばならぬ！　中野翠氏との早稲田対談「恥ずかしい、都の西北」も収録。　（吉田　類）

し-6-95

石井好子・水森亜土
料理の絵本　完全版
シャンソン歌手にして名エッセイストの石井好子さんの絶品レシピに、老若男女の心をわしづかみにする亜土ちゃんのキュートなイラスト。卵、ご飯、サラダ、ポテトで、さあ作りましょう！
い-10-3

石井好子
パリ仕込みお料理ノート
とろとろのチーズトーストにじっくり煮込んだシチュー……パリで「食いしん坊」に目覚めた著者の、世界中の音楽の友人と、忘れがたいお料理に関する美味しいエッセイ。　（朝吹真理子）
い-10-4

海老沢泰久
美味礼讃
彼以前は西洋料理だった。彼がほんもののフランス料理をもたらした。その男、辻静雄の半生を描く伝記小説——世界的な料理研究家辻静雄は平成五年惜しまれて逝った。　（向井　敏）
え-4-4

小倉明彦
実況・料理生物学
「焼豚には前と後ろがある」「牛乳はなぜ白い？」など食べ物に対する疑問を科学的に説明するだけでなく、実際に学生と一緒に料理をして学ぶ、阪大の名物講義をまとめた面白科学本。
お-70-1

姜　尚美
何度でも食べたい。あんこの本
京都、大阪、東京……各地で愛されるあんこ菓子と、それを支える職人達の物語。名店ガイドとしても必携。7年半分の「あんこ日記」も収録し、東アジアあんこ旅も開始！　（横尾忠則）
か-76-1

季刊「新そば」編
そばと私
半世紀以上の歴史を誇る「新そば」に掲載された「そば随筆」の中から67編を集める。秋山徳蔵、赤塚不二夫、永井龍男、若尾文子など、日本を代表する人々のそば愛香る決定版。
き-43-1

里見真三
すきやばし次郎　旬を握る
前代未聞！　パリの一流紙が「世界のレストラン十傑」に挙げた江戸前握りの名店の仕事をカラー写真を駆使して徹底追究。本邦初公開の近海本マグロ断面をはじめ、思わず唸らされる。
さ-35-1

（　）内は解説者。品切の節はご容赦下さい。

（　）内は解説者。品切の節はご容赦下さい。

高山なおみ
帰ってから、お腹がすいてもいいようにと思ったのだ。
高山なおみが本格的な「料理家」になる途中のサナギのようなころの、落ち着かなさ、不安さえ見え隠れする淡い心持ちを綴ったエッセイ集。なにげない出来事が心を揺るがす。（原田郁子）
た-71-1

高野秀行
辺境メシ
ヤバそうだから食べてみた
カエルの子宮、猿の脳みそ、ゴリラ肉、胎盤餃子……。未知なる「珍食」を求めて、世界を東へ西へ。辺境探検の第一人者である著者が綴った、抱腹絶倒エッセイ！（サラーム海上）
た-105-1

徳永　圭
ボナペティ！
臆病なシェフと運命のボルシチ
仕事に行き詰った佳恵はある時、臆病ながら腕の立つシェフ見習いの健司と知り合う。仲間の手も借り一念発起してビストロ開店にこぎつけるが次々とトラブルが発生!?　文庫書き下ろし。
と-32-1

中原一歩
小林カツ代伝
私が死んでもレシピは残る
戦後を代表する料理研究家・小林カツ代。「家庭料理のカリスマ」と称された天性の舌はどのように培われたのか。時代を超えて愛される伝説のレシピと共に描く傑作評伝。（山本益博）
な-81-1

西　加奈子
ごはんぐるり
カイロの卵かけごはんの記憶、「アメちゃん選び」は大阪の遺伝子、ひとり寿司へ挑戦、夢は男子校寮母…幸せな食オンチの美味しオカしい食エッセイ。竹花いち子氏との対談収録。

に-22-4

林　望
イギリスはおいしい
まずいハズのイギリスは美味であった!?　嘘だと思うならご覧あれ――イギリス料理を語りつつ、イギリス文化の香りも味わえる日本エッセイスト・クラブ賞受賞作。文庫版新レセピ付き。

は-14-2

平松洋子
忙しい日でも、おなかは空く。
うちに小さなごちそうがある。それだけで、今日も頑張れる気がした。梅干し番茶、ちぎりかまぼこ……せわしない毎日にもじんわりと沁みる、49皿のエッセイ。（よしもとばなな）
ひ-20-2

サンドウィッチは銀座で
平松洋子　画・谷口ジロー

春は山菜、夏はうなぎ、秋は座敷で鍋を囲み、冬は山荘で熊料理！　飽くなき好奇心と胃袋で〝いまの味〟を探し求めた絶品エッセイと、谷口ジローによる漫画のおいしい競演。

ひ-20-3

ステーキを下町で
平松洋子　画・谷口ジロー

豚丼のルーツを探して帯広へ飛び、震災から復活した三陸鉄道うに弁当に泣き、東京下町では特大ステーキに舌鼓を打つ。かけがえのない味を求め、北から南まで食べ歩き。　（江　弘毅）

ひ-20-4

ひさしぶりの海苔弁
平松洋子　画・安西水丸

このおいしさはなんですか。新幹線で食べる海苔弁の魅力、油揚げが人格者である理由、かまぼこ板の美学。食を愉しみ、食を哲学する名エッセイ。安西水丸画伯のイラストも多数収録。

ひ-20-6

あじフライを有楽町で
平松洋子　画・安西水丸

由緒正しき牛鍋屋、鯨の食べ比べに悶絶、パリのにんじんサラダの深さと濃さ。どこまでも美味しい世界にご招待！　「週刊文春」の人気連載をまとめた文庫オリジナル。　（戌井昭人）

ひ-20-7

肉まんを新大阪で
平松洋子　画・下田昌克

「ぶたまん」の響きは、聞いたそばから耳がとろけそう——うれしい時もかなしい時も読めば食欲が湧いてくる週刊文春の人気エッセイ76篇を収録した文庫オリジナル。　（伊藤比呂美）

ひ-20-8

食べる私
平松洋子

食べ物について語れば、人間の核心が見えてくる。デーブ・スペクター、ギャル曽根、田部井淳子、宇能鴻一郎、渡部建、樹木希林など29人と平松洋子による豊かな対話集。　（岩下尚史）

ひ-20-9

かきバターを神田で
平松洋子　画・下田昌克

冬の煮卵、かきバター焼定食、山形の肉そば、ひな鳥の素揚げ、ちぎりトマトにニッキコーヒー。世の中の美味しいモノを伝え悶絶させてくれる人気エッセイ、文庫オリジナル。　（堂場瞬一）

ひ-20-10

（　）内は解説者。品切の節はご容赦下さい。

平松洋子　画・下田昌克
すき焼きを浅草で
夏の一日、浅草の老舗店に誘われすき焼きの至福を味わう。高知の日曜市で可愛い田舎寿司、伝説のカクテル「雪国」は山形で。美味しい大人気エッセイ第7弾。（姫野カオルコ）
ひ-20-11

穂村　弘
君がいない夜のごはん
料理ができず味音痴……という穂村さんが日常の中に見出した「かっこいいおにぎり」や「逆ソムリエ」。独特の感性で綴る「食べ物」に関する58編は噴き出し注意！（本上まなみ）
ほ-13-4

村松友視
銀座の喫茶店ものがたり
日本の喫茶店文化には独特のものがある。銀座の喫茶店には更に違う何かがある。45の喫茶店を巡り、ふところ深い町の歴史とものがたりを浮かび上がらせる上質なエッセイ集。（名取裕子）
む-3-4

森下典子
いとしいたべもの
できたてオムライスにケチャップをかけて一口食べた瞬間、懐かしい記憶が甦る——たべものの味には、思い出という薬味がついている。絵と共に綴られた23品の美味しいエッセイ集。
も-27-1

森下典子
こいしいたべもの
母手作りの甘いホットケーキなど、味の記憶をたどると胸いっぱいになった事はありませんか？　心が温まる22品の美味しいカラーイラストエッセイ集。『いとしいたべもの』続編！
も-27-2

米原万里
旅行者の朝食
ロシアのヘンテコな缶詰から幻のトルコ蜜飴まで、古今東西の美味珍味について蘊蓄を傾ける、著者初めてのグルメ・エッセイ集。人は「食べるためにこそ生きる」べし！（東海林さだお）
よ-21-2

文藝春秋　編
もの食う話
物を食べることには大いなる神秘と驚異が潜んでいる。荷風、百閒、澁澤龍彥、吉行淳之介、筒井康隆ほか、食にまつわる不安と喜び、恐怖と快楽を表現した傑作の数々を収録。（堀切直人）
編-5-10

（　）内は解説者。品切の節はご容赦下さい。

ほしよりこ
逢沢りく（上下）
簡単に嘘の涙をこぼすことができる十四歳の美少女、逢沢りく。完璧な両親のもとで何不自由なく暮らしていたが関西の親戚に預けられ、生活は一変する。手塚治虫文化賞マンガ大賞受賞。
ほ-22-1

益田ミリ
今日も怒ってしまいました
大阪から上京して文化の違いに驚いた「戸惑い怒り」。家族のボケを嘆く「つっこみ怒り」。ペットに対するひどい仕打ちに涙する「本気怒り」まで……。怒って笑って、最後はスッキリ。
ま-23-1

益田ミリ
ふつうな私のゆるゆる作家生活
学校で輝いたことのない普通の子供だったわたしがどうやって作家に？　作家の日常や上京した頃を綴った著者初の「自分マンガ」。ゆるゆる続く生活の中に創作の秘密が見えてくる。
ま-23-2

益田ミリ
OLはえらい
おしゃべり好きで、恋にあこがれ、仕事も一生懸命だけど、上司に叱られシュンとする。希望も悩みも多い若きOL・ロバ子さんの日常。ほんわかじんわり、心に響く四コマコミックです。
ま-23-3

益田ミリ
キュンとしちゃだめですか？
胸がドキッとする。目が離せない。口元が緩んでしまう。日夜オンナは様々な場面で「キュン」とときめいています。こんな時あんな瞬間の選りすぐりのキュンをイラスト&エッセイに。
ま-23-4

益田ミリ
沢村さん家のこんな毎日　平均年令60歳の家族と愛犬篇
定年ライフを謳歌中の父・四朗さん、社交的でお料理上手な母・典江さん、40歳独身の娘・ヒトミさん、それぞれの視点で描かれた共感満載のホーム・コミック。シリーズ二冊を合本に。
ま-23-5

山岸凉子
天人唐草　自選作品集
毒親に育てられたり育児放棄された子供が大人になったらどうなるのか——。山岸凉子の天才ぶりを余すことなく伝えるトラウマ漫画の決定版！　著者特別インタビュー収録。（中島らも）
や-70-1